FRANC-NOHAIN

Chansons des Trains et des Gares

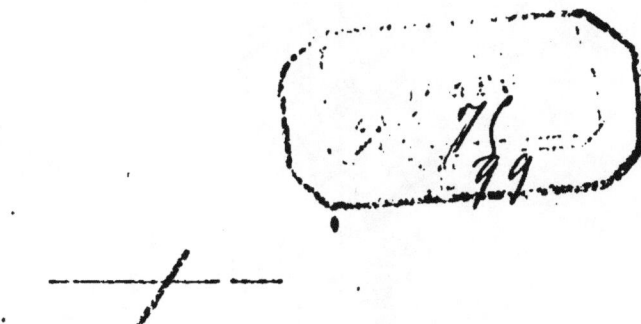

ÉDITION DE LA *REVUE BLANCHE*

23, BOULEVARD DES ITALIENS, PARIS

1899

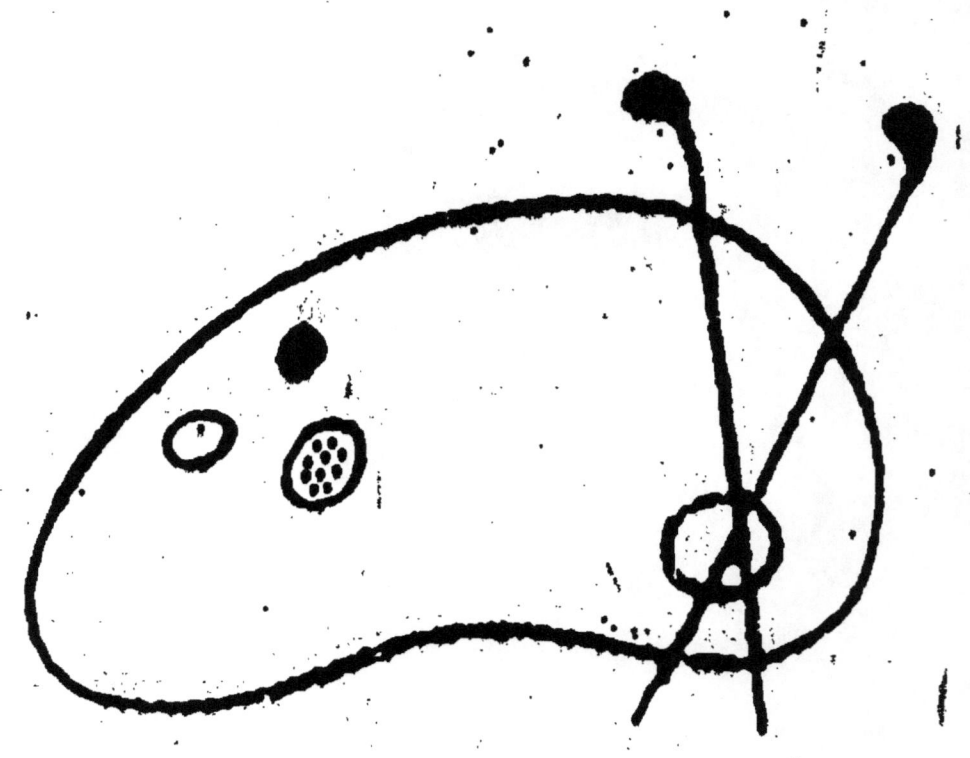

Fin d'une série de documents en couleur

CHANSONS DES TRAINS ET DES GARES

Châteauroux. — Typ. et Stéréot. A. Majesté et L. Bouchardeau. A. Mellottée, successeur

FRANC-NOHAIN

Chansons des Trains et des Gares

ÉDITION DE LA *REVUE BLANCHE*
23, BOULEVARD DES ITALIENS, PARIS

LETTRE OUVERTE

A MONSIEUR NOBLEMAIRE

Directeur de la Compagnie Paris-Lyon-Méditerranée,

(P.-L.-M.).

Cher Monsieur Noblemaire,

Encore que la nature de vos occupations vous doive apparemment écarter des lectures frivoles, et ne vous permette point de vous attarder à des badinages de poète, laissez-moi écrire familièrement, affectueusement, votre nom, à la première page de ce livre : cela ne vous engage à rien, et ça me fera tant de plaisir!

Car, je le sais bien, cher Monsieur Noblemaire, vous

trains ; mais, enfant de la Bourgogne généreuse, ce sont vos gares les premières où j'attendis de la famille, c'est dans vos trains que, frêle garçonnet, j'appris à avoir mal au cœur.

Plus tard des maîtres zélés mirent sous mes yeux avides ces cartes de notre chère France, où fièrement s'enchevêtrent les multiples réseaux, bienfaits du progrès civilisateur et d'un gouvernement démocratique ; chagrins d'amour, caprices de la vie administrative, et vous surtout, crus fameux dont je devais un jour colporter la marque, vous m'avez fait m'asseoir sur les coussins de couleur diverse de tant de diverses compagnies : je connus ces autres lignes, de l'État, du Nord, de l'Est, et d'Orléans, que sais-je ? — Mais quand j'interrogeais mon cœur, mon cœur continuait à répondre avec une douceur un peu mélancolique mais si tendre : *Paris-Lyon-Méditerranée.*

Et, pourquoi le taire, ce n'est pas *Paris-Lyon-Méditerranée* que répondait mon cœur, mais bien plutôt trois lettres, ces trois lettres prestigieuses et sonores : P.-L.-M.

LETTRE OUVERTE A MONSIEUR NOBLEMAIRE VII

Certes, par ces temps de cosmopolitisme et d'affirmations cyniquement internationalistes, plus que jamais je tiens qu'il faut rester fidèle à sa station, fidèle à la ligne qui côtoie nos prés verts, à la locomotive dont la fumée en panache égaya nos premiers horizons ; mais ce m'est une raison nouvelle de rendre grâce à la puissance créatrice, qui, — enfant de la Bourgogne généreuse, comme j'avais l'honneur de vous le dire, cher Monsieur Noblemaire, — m'assignait déjà par droit de naissance la seule voie que, poète, j'eusse aimée et voulu choisir : ce P.-L.-M. qui est le vôtre.

P.-L.-M. : — titres à quelle trilogie, portiques pour quel triptyque, symboles de quelle trinité ?

Oui, le vocabulaire usuel pourra donner à d'autres lignes les noms d'Orléans, que sais-je ? et de l'Est, et du Nord, et de l'État lui-même, — vous, vous restez le P.-L.-M., à jamais drapé dans l'étroit et mystérieux manteau de cette ellipse, en pudeur et en beauté !

Discrètes initiales, formule devant qui l'on rêve, poètes, cherchons-nous autre chose ? Et ce mystère n'apparaît-il pas source de toute poésie, — suffisam-

clair pour n'inquiéter et ne décourager personne, — sans doute à la merci des plaisantins qui l'interpréteront volontairement de façon triviale, et ridicule, et basse, mais qu'importe : vous aurez donné un secret à garder à la Foule, et par ainsi la Foule se sent meilleure, prend conscience d'une noblesse et d'une dignité plus hautes, fière d'être dans le secret !

P.-L.-M. et *sursum corda !*

C'est dans cet esprit que je vous demanderai la permission de vous embrasser, cher Monsieur Noblemaire, — confraternel et reconnaissant.

F.-N.

SONNET

Lorsque le Printemps renouvelle
Fleurs et nids, fêtant son retour,
Les Poètes chantent l'Amour,
Vieille chanson toujours nouvelle.

Et près de moi, battant de l'aile,
Les rimes mêlaient tour à tour,
A de vieux airs de troubadour,
Leur voix délicieuse et frêle :

Et j'écoutais, l'âme ravie,
Et j'ai chanté, loin de la vie
Et des soucis de l'avenir ;

Et maintenant le vent enlève,
Si légères, ces fleurs du Rêve,
Et ces feuilles du Souvenir.

Saint-Mandé, Salon des Familles.
   Mars 1899.

Chansons des Trains et des Gares

> Ah ! comme ça va,
> Comme ça va donc vite,
> Comme ça va donc bien,
> En chemin de fer !...

PRÉLUDE

Nous chanterons le P.-L.-M.

Et, de même,

L'Est,

L'Ouest,

Et le Midi ;

Et nous chanterons aussi,

— Si cela ne vous ennuie,

Honorable compagnie ! —

Nous chanterons encor

Du Nord,

Et de l'Etat, et d'Orléans, les Compagnies,

(Sans préjudice, bien entendu, de quelques mots
Pour les réseaux
Economiques et départementaux);

Car c'est le temps de prendre l'air
En des voyages circulaires :

C'est le temps des chemins de fer.

A la campagne, ou vers des plages, ou vers des thermes,
En d'autres termes
Ailleurs, ailleurs,
Nous allons, pâles voyageurs,
Quérir la santé, la fraîcheur,
Le repos, et le lait des fermes :

Le mouvement est dans les gares,
Car
Le temps est d'aller autre part.

Et nous croyons bon qu'on écrive
Ces chants sur les locomotives

Qui nous mènent à travers champs, —
Nous qui voulons calmer les peines,
En cherchant,
Pour la mettre à portée des gens,
Des pauvres inquiètes gens,
Qui s'agitent, qui se démènent,
Ou se promènent,

La poésie des choses quotidiennes.

LA LOCOMOTIVE REGARDE UNE VACHE EN PASSANT

Calme, immobile,
Dans le petit pré tranquille, au long de la ligne,
C'est une vache qui rumine.

Pour tant de vaches qui regardèrent
Passer des chemins de fer,
Il convient aussi qu'on le sache,
Il y a des locomotives qui regardent les vaches.

Et c'est avec des yeux d'envie,
Leurs gros yeux rouges,

Qu'elles contemplent les prairies,
Où, paresseuses, l'on se couche,
Et l'on flâne en se divertissant au vol des mouches...

Laisser monter en soi le vin de la paresse,
Suivant le mot
D'Arthur Rimbaud !...
Mais, quand on est locomotive, il faut
Qu'on parte, et reparte, et se presse.

(Car ce n'est pas à dix-huit, ni à seize,
C'est à dix-sept,
Qu'inéluctable est la correspondance de l'express
Avec le rapide Bordeaux-Cette.) —

Ah ! la préoccupation de l'horaire,
Quand il ferait si bon s'étendre
Sur l'herbe tendre,
Dans le pré vert !...

Mais il faut poursuivre la tâche,
En marche ! en marche !

6 LA LOCOMOTIVE REGARDE UNE VACHE EN PASSANT

Sans relâche...
Et c'est avec des soupirs de regret,
Que passe la locomotive au long des prés,
Où sont immobiles les vaches,

Et songe en regardant les veaux
Batifoler près de leur mère,
Songe à l'impossible chimère.
Et se détourne le cœur gros, —

Jouir en paix de la nature,
Avec une progéniture
De petits locomotiveaux...

L'AME DES CHEFS DE GARE

Les chefs de gare ont cette âme sceptique et narquoise
Des gens qui en ont bien vu d'autres :
Nous pouvons la trouver mauvaise,
Nous irriter, leur chercher noise,

Ils ont tellement conscience que ce n'est pas leur faute !...

En souriant, ils écoutent, et même inscrivent,
Pour être transmises par la voie administrative,
Les réclamations les plus vives
Des personnes rancunières et agressives, —
Mais naïves :

Car le départ d'un train qui siffle
A la brutalité des chiffres,
Et malgré le retard prouvé de notre montre,
Il n'y a pas à aller contre.

D'ailleurs une politesse élégante
Couvre leur discrète ironie ;
Les chefs de gare ne se recrutent et ne fréquentent
Que dans la bonne compagnie.

Il ne faut donc pas les confondre
Avec d'analogues messieurs,
Que, comme eux,
Porteurs de casquette, on rencontre
Sifflant le soir
Sur un trottoir.

Car, à vrai dire, s'il n'est point rare
Que ceux-là aussi hantent la proximité des gares,
En revanche,
— A plus de ponts,
Mais sans galons, —
Leur casquette, pas plus que leur âme, n'est blanche :

Blanches sont la casquette et l'âme des chefs de gare.

LE TUNNEL

Enfants, chantez la ritournelle,
Voici la ronde des Tunnels :

C'est Tony avec Toinon,
— Tournez, Toinon, Tony — tunnel ! —
C'est Tony avec Toinon,
Qui s'aimaient de passion.

Avaient des parents barbares,
— Tournez, Toinon, Tony — tunnel ! —
Avaient des parents barbares,
Employés dedans la gare.

LE TUNNEL

    Leur défendirent se voir,
— Tournez, Toinon, Tony, — tunnel ! —
    Leur défendirent se voir,
    Ce qui fit leur désespoir,

    Mais pour le joli péché,
— Tournez, Toinon, Tony, — tunnel ! —
    Mais pour le joli péché,
    Au tunnel se sont cachés.

    Quand un train, passant près d'eux,
— Tournez, Toinon, Tony, — tunnel ! —
    Quand un train, passant près d'eux,
    Coupa l'amoureuse en deux.

    Le pauvre Tony pleura,
— Tournez, Toinon, Tony, — tunnel ! —
    Le pauvre Tony pleura,
    Mais il avait de bons bras :

    Et de Toinon, tristement,
— Tournez, Toinon, Tony, — tunnel ! —
    Et de Toinon, tristement,
    Rapporta les deux fragments.

Sous les tunnels, comme quoi,
— Tournez, Toinon, Tony, — tunnel ! —
Sous les tunnels, comme quoi
On part deux, on revient trois.

Voilà, petites demoiselles,
Voilà la ronde des tunnels.

[Les enfants tournent deux à deux, en se tenant par la main, les uns derrière les autres ; au mot *tunnel*, chaque couple, s'arrêtant de tourner, lève les bras en l'air, de façon à former une sorte de pont, sous lequel passe le dernier couple en traînant les pieds et en imitant le bruit de la locomotive. Au huitième couplet, tous les enfants se couchent par terre.]

DANS LE PETIT JARDIN DU GARDE-BARRIÈRE

Dans le jardin du garde-barrière, —
Jardin qui n'est
Qu'un jardinet,
Où de parties de tennis et de croquet
Difficilement se pourraient faire :
(Mais ce ne sont pas là des jeux de garde-barrière) —
Dans le petit jardin du garde-barrière,
Poussent des pois, des carottes, et des navets,
Et,
Et autres plantes potagères.

Quelle satisfaction, le soir :
Le train passé s'enfuit et fume...
Pour la bonne soupe que parfument
Des choux à soi, d'autochtones légumes,
Hardi, hardi l'arrosoir !...

Et la famille tout entière
Interroge, l'œil anxieux, la cloche de verre,
Où, majestueux, se prépare,
— Problème, espoir, — le melon, dont
On projette de faire don,
Très diplomatiquement, au chef de gare.

Et puis, et puis,
Il y a aussi le petit coin bordé de buis,
Où sont les fleurs :
Admirez les jolies pensées,
Pieusement et copieusement arrosées,
Avec ardeur, le cœur rêveur,
Par la fille aînée, fiancée
Au jeune et vaillant aiguilleur...

C'est là que les grands tournesols,

Rongés d'une ambition folle,

Regardent, jaunes de dépit,

La gare, dont les feux, là-bas, brillent dans la nuit,

Et les attristent, —

Eux qu'éternellement poursuit,

(Bisque !... bisque !...)

Cette idée fixe :

Etre un disque ! —

LES GANTS DU CONTROLEUR

Des gens sont spécialement employés
A pratiquer de petits trous dans les billets,
Et qui, pour les besoins du contrôle s'enquièrent,
Surgissant tout à coup au cadre des portières,
De l'âge exact du petit Pierre :
— Il est du quatorze janvier,
Comptez ce que cela peut faire ; —
Mais si vraiment la jeune Anna
N'a
Que six ans et trois mois,—(Monsieur, pas davantage!...)—
La fillette est grande, oui-da,
Pour son âge !... —
(L'enfant tient cela de son père.) —

Au plus fort de l'hiver comme au cœur de l'été,
Ces messieurs sont toujours soigneusement gantés,
Avec des gants de couleurs sombres :
Et je croyais, dans ma simplicité,
Que pareil luxe était nécessité
Par leur souci de se conduire en gens du monde.

Mais on m'a dit que le contrôleur craint,
Aux poignées des compartiments, que son devoir
Est d'ouvrir, et que le charbon a rendues noires,
Craint simplement de se salir les mains ;
(Entre nous, tout porte à le croire.)

Si le motif est celui qu'on allègue,
Ne vous semble-t-il point qu'il serait fort galant
Que quelque Compagnie eût des contrôleurs nègres,
Soigneusement gantés de blanc ?

NOUS DÉJEUNERONS DANS LE TRAIN

Foin des buffets, et foin des terminus,
Où le restaurateur, l'en accuse ma Muse,
Cynique et déloyal, abuse
De ce que le train n'attend point :
Des buffets, des terminus, foin !
Installons-nous bien tranquillement dans le coin
De ce wagon, — nous allons loin,
Et le train est omnibus.

Qu'on est donc bien, qu'on est donc bien !
Ah ! c'est ce Monsieur Adrien,

Qui a toujours de bonnes idées !
Admirez, la vue est superbe, —
Et c'est comme un dîner sur l'herbe,
Sans rien à craindre des ondées...

Voyons d'abord dans le panier
Si Anna n'a rien oublié :
Allons, voilà toujours le sel
(Pour les œufs durs, essentiel) ; —
Ne manquerons-nous pas de pain ?
C'est que je me sens une faim !...
Ah ! le chemin de fer ça creuse !..

Voilà qui va des mieux; oh ! oh !... —
Gourmand, on connaît vos défauts,
C'est la surprise :
J'ai vidé le petit flacon d'eau dentifrice,
Et je l'ai rempli de chartreuse. —

De l'eau !... apprenez, Henriette,
Qu'en voyage, on ne boit pas d'eau...
Je vais vous passer mon couteau :
C'est un couteau, avec une fourchette,
Et un tire-bouchon ; j'en avais fait emplette

Exprès, — c'est très commode, et même, dans le manche
Est pratiqué un trou qui peut servir pour boire...
— Comme c'est bien imaginé !... Faites-moi voir ?...
Bon, voilà que ça se démanche !... —

— Fifille, ce Monsieur dans l'autre coin, là-bas,
Qui fait semblant de lire les *Débats*,
Qui sait s'il n'a pas faim, et s'il ne voudrait pas
Prendre avec nous une petite chose ?...
Demande-lui !... — C'est que je n'ose pas... — Va, ose !...
— Monsieur, voulez-vous me permettre ?...
De saucisson si vous plaisaient quelques rondelles ?...
Et le Monsieur, galant : — Certes, Mademoiselle,
Deux rondelles,

Deux, si vous les donnez au bout de la fourchette,
Et trois,
Trois, si vous les offrez avec vos jolis doigts. —

DES DÉLÉGATIONS ATTENDENT
M. FÉLIX FAURE A LA GARE

Les vieux lutteurs de mil huit cent quarante-huit
Seront à la gare à midi quarante-huit.

Le train ne s'arrêtera pas,
Télégraphia Monsieur Le Gall, —
Mais c'est égal,
Il est bon que nous soyons là ;
Car, dussions-nous n'apercevoir qu'à peine
Le profil du chef de l'Etat,
Notre présence témoignera
De notre foi républicaine... —

Les vieux lutteurs de mil huit cent quarante-huit

DES DÉLÉGATIONS ATTENDENT M. FÉLIX FAURE

Seront à la gare à midi quarante-huit.

Et voilà donc qu'au grand complet,
Se groupent autour du sous-préfet,
Toutes les autorités locales, —
Qui, très sévèrement, commentent
L'abstention de la fraction opposante
Du Conseil Municipal...

Et j'en sais alors, pour qui les disques évoquent
Quelque fantastique rosette,
Ou bien rouge, ou bien violette,

Les disques, ô Félix ! pareils à ton monocle...

Les vieux lutteurs de mil huit cent quarante-huit
Seront à la gare à midi quarante-huit.

ROMANCE DU GENDARME

Bon voyageur qui partez en voyage,
Vous demandez ce que je fais ici :
Si vous avez consigné vos bagages,
Sachez que, moi, j'ai ma consigne aussi ;
D'ailleurs, je vais vous conter mon histoire,
Et, quand je vous aurai tout révélé,
Certainement il vous sera notoire
Que j'aimerais beaucoup mieux m'en aller.
     Ensemble :
Qu'il aimerait beaucoup mieux s'en aller.

J'avais, jadis, une épouse chérie,
Dont j'adorais l'esprit et les attraits :
Sait-on jamais, alors qu'on se marie,
Sait-on *avant* ce que sera *après* ?
En attendant, plein d'une douce ivresse,
Et confiant dans ses chastes serments,
Je l'entourais d'estime et de tendresse,
Avec mon cœur de soldat et d'amant.
Ensemble :
Avec son cœur de soldat et d'amant.

Chaque matin, elle allait, la parjure,
En cette gare, y vendre des journaux :
Peut-être bien les mauvaises lectures,
Presse maudite, auront causé mes maux !
Bref, un autre homme avait fait sa conquête,
Un soir, hélas ! je l'attendis en vain :
A mon chapeau préférant sa casquette,
Elle est partie avec un chef de train.
Ensemble :
Elle est partie avec un chef de train.

Et maintenant les besoins du service

Ces tristes lieux me forcent à revoir ;
Chaque wagon m'est un nouveau supplice,
Je viens pourtant, esclave du devoir.
Mais pour cacher le trouble de mon âme,
Pour échapper au spectacle odieux
Des compagnons du séducteur infâme,
Quand passe un train, je détourne les yeux....
Ensemble :
Quand le train passe il détourne les yeux.

NOCTURNE

La petite gare est endormie,
Endormis,
Les tableaux enchanteurs de Hugo d'Alesi,
Et l'appareil ingénieux
Qui, tout le jour, distribua
Ou bien d'excellents chocolats
Ou des bonbons délicieux : —
En la petite gare endormie,
Seulement tinte le timbre grêle,
Et rappelle
Que va passer l'express de minuit et demi.

Et cependant solitaire, au quai de la voie
Numéro trois,
L'imprévoyante grosse Madame
Attend le train, sans que l'on voie
Nulle angoisse troubler son âme :
Pourtant, ô Madame, voyons,
Où mettra-t-on, où mettra-t-on,
Tous les filets, tous les cartons,
Qui encombrent,
Dans la nuit sombre,
Qui encombrent autour de vous le macadam ?

Et vous-même, il vous faut un peu de place, dame !

Le train paraît ; vous bondissez,
— Pressez ! pressez ! —
Combien dures ces portières !
Les veilleuses, les yeux baissés,
Sournoises, cachent leur lumière ;
Enfin, voici qu'après des efforts insensés,
Le compartiment s'est ouvert :

Ah ! pauvre !

NOCTURNE

C'est un rugissement de fauves ;
Sur les banquettes, dans les ténèbres,
Où des pieds agitent leur plante,
Des peaux de bêtes effrayantes
Se retournent et se soulèvent, —
Des peaux rayées comme des tigres ou des zèbres, —
Peut-être simples couvertures,
Mais, vraiment, on n'en est pas sûr !..

Et tandis que s'impatiente
Le timbre grêle,
La grosse dame parmi les fauves suppliante,
— Telle
Une dompteuse chez Bidel, —
Invoque en un suprême appel,
Avec ses paquets et ses caisses,
La vieille,
La vieille galanterie française.

LAMPISTERIE

La lampisterie est cet endroit plein de silence,
Où sont les lampes,
Où, dans les huiles et les pétroles,
Les mèches trempent,
Les mèches molles, —

Lampisterie, endroit obscur où sont les lampes.

Et le lampiste coule là,
Coule des jours monotones et sans éclat,
Sans gloire, sans *smart* : — en général,
Le lampiste s'habille mal,

Et les occasions sont rares,
(Peut-être le premier
Janvier ?)
Bien rares où le chef de gare
Serre sa main, sa main loyale,
Mais sale.

Mais le lampiste est un modeste,
Qu'inquiètent peu les égards :
Il se fiche du tiers, du quart,
Et du ziste comme du zeste, —
Pourvu que les lampes lui restent.

Il ne demande même pas à monter en grade :
Tout au plus, parfois, songe-t-il
Que, s'il avait des appointements comme Rothschild,
Peut-être mettrait-il une autre huile
Que celle de l'administration, dans sa salade...
(Et puis, au fond,
C'est encore une affaire d'appréciation.)

Lampisterie, endroit plein d'ombre et de silence, où trempe
La salade du lampiste, dans l'huile des lampes.

PARALLÈLEMENT

Parallèles
D'un parallélisme éternel,
Les rails s'en vont à l'horizon,
Et jamais, entre eux, ne feront
Des rondes, —
Jamais, jusques au bout du monde,
Les rails ne se rencontreront.

Et ils poursuivent leur chemin,
Chacun de son côté, solitaire :
Ils ne connaîtront pas le seul bonheur sur terre,
Cette douceur de la main dans la main.

Et si les rails ont l'âme aimante,
Ils n'ont, hélas ! pour assouvir
Leur désir,
Que cette union momentanée et apparente,
Dont il faut bien qu'ils se contentent,

Le baiser Lamourette des plaques tournantes.

LES POULES EN VOYAGE

Les poules dans les trains menées,
Les poules sont fort étonnées,
Mais la nouveauté les ravit ;
Aucune d'elles ne se doute,
Toute
Aux curiosités de la route,
Que, si on les promène ainsi,
On les envoie, c'est pour les vendre,
A la ville vorace et gourmande,
Et friande
De leur chair délicate et tendre.

Il est bon de voir du pays :

— Vraiment, disent-elles, on gagne
A sortir un peu de chez soi,
Un esprit plus délié et moins étroit :
On ne peut pas rester toujours à la campagne. —

Et les poules admirent et s'amusent :
Pouvoir s'arrêter un moment (par quelle ruse ?)
Et aller, comme les moineaux,
Se percher, entre les poteaux,
Sur les fils télégraphiques,
Qui vont tantôt, c'est magnifique,
Si vite, si vite,
Tantôt en bas, tantôt en haut, —

Aller jouer, avec les moineaux, aux montagnes russes.

LA PROTESTATION DES PENDULES

Nous aurons une petite
Villa ornée de clématites
Et de glycines, —
Et, tout le jour, nous entendrons,
Par delà les grands massifs de rhododendrons,
Où sont des boules,
Nous entendrons les trains qui roulent, —
Car la ligne sera voisine.

Joie d'aller voir passer les trains,
— Peut-être y aura-t-il quelqu'un
De connaissance ? —

C'est un grand avantage, cette proximité
Des gares, pour les propriétés
De plaisance...

Quelle exquise distraction,
Pour but de promenade avoir la station,
Où l'on entretient de cordiales relations
Avec les hommes d'équipe ;
A leur fillette des bonbons,
Un peu de tabac pour leur pipe ;

On leur donne en causant de façon familière,
Quelque aperçu sur le service des chemins de fer
Aux Etats-Unis :
— Ah ! disent-ils, ces messieurs de Paris
Sont vraiment savants et pas fiers ! —

Puis nous disposerons des sous
Des gros sous sur les rails, devant que le train passe,
Afin que la locomotive, sous
Ses roues pesantes les écrase :
(Sera-ce
Pile, sera-ce face ?)

En villégiature, c'est
Ainsi qu'on ne s'ennuie jamais.

Mais les Pendules, dans la villa, ont protesté
Pour leurs fatigues inutiles ;
Car nous avons, tout cet été,
Nous avons affecté de ne plus consulter
Leurs aiguilles.

— Il doit être, disions-nous près
De neuf heures : voici l'express.
— Quelle heure est-il ? Onze heures dix,
J'entends le train de marchandises.
— A table ! car, ou je m'abuse,
Il est midi, c'est l'omnibus. —

Et les Pendules, abreuvées de dédains,
Lasses de marquer l'heure en vain,
Et les Pendules, indignées,
Ont dit : — Faites donc mettre un train
Sur vos cheminées !...
Car cette comédie nous fatigue à la fin.
Puisque de notre office il ne vous est besoin,
Nous retournons à Berlin ! —

LES CHIENS

On ne peut pas dire que les chiens
Dans les wagons de chiens soient bien.

Car, sans parler du plus humble confort,
Qui fait totalement défaut,
Songez quelle angoisse les tord,
Quand, pendant le trajet, ils entendent un cor
Sonner près d'eux : Taïaut ! taïaut ! —
(Il n'est personne qui ignore
Que, dans les compartiments même de 3ᵉ classe,
Des jeunes gens, principalement ceux de la classe,
Aiment fort
Sonner du cor, du cor de chasse...)

Le cor sonne : Que faire ? Rien !
Ils se font vieux, les pauvres chiens.

Au quai des gares, les employés ont des casquettes
Qui rendent encor l'âme des chiens plus inquiète :
— Voyons, leur casquette, leur
Petite veste,
Oui, ce sont bien là des piqueurs ;
Mais les singulières couleurs !...
Que ces piqueurs ont une drôle de tournure !... —

Et tout le long du voyage,
Les pauvres chiens ont leur esprit à la torture,
Et enragent
De ne pas connaître le bouton de cet équipage.

POSTES

Trop humbles mes chansons et timide ma lyre,
Pour dire
Les grands wagons
Couleur marron,
Où fastueusement s'étale
Notre télégraphique, à la fois, et postale
Administration ;

Mon ambition est moins haute,
Et, c'est tout au plus si je l'ose,
Lecteurs, je ne vous parlerai
Que du petit compartiment de deuxième classe,

Qu'une plaque, ou une simple bande collée à la glace,
Orne de cet avis discret,
Sans le faire à la pose :
POSTES.

Un vieil homme est dans le compartiment, la barbe grise,
Une casquette
Sur la tête,
Et, très fréquemment, des lunettes ;
Souvent, usant de libertés
Bien permises, en vérité,
Surtout l'été,
Il est en bras de chemise ;

Et, dans son compartiment de deuxième classe,
L'homme classe, classé, classe.

Il paraît que ce n'est pas une sinécure :
Que de fois l'ai-je aperçu, le camarade,
Boire, pour reprendre des forces, à la régalade ;
Mais les besognes dont il s'occupe sont obscures ;

(Et puis vous me direz aussi,
Pour moi, du moins, c'est ma pensée,
S'il ne ferait pas bien mieux tout ça chez lui,
Tranquillement, à tête reposée ?)

A chaque station, sur le quai,
Quelqu'un l'attend avec des sacs et des paquets :
L'homme aux sacs serait-il un marchand de chiffons ?
Mais non :
Saluons son muscle crural,
C'est le vaillant facteur rural !

Le facteur et le postier
Echangent un bonjour rapide et familier,
Et des impressions intimes ;
Puis, avant de se séparer :

— Dans mon sac, aujourd'hui, pas de lettre anonyme ;
De l'argent que Monsieur Benoît
Envoie
(Quarante-huit francs) à sa tante ;

Enfin, cela ne peut durer,
L'institutrice écrit encore à son curé :
Dites au député que je lui parlerai, —

Cette fille est dégoûtante. —

RONDE DES DÉPARTS

— Pour montrer que nous sommes tristes,
Il convient d'agiter nos mouchoirs de batiste.

CHŒUR DES SCEPTIQUES

Et si vous n'avez pas de mouchoir ?

— Nous quitterons nos redingotes
Offrant au vent leurs pans qui se gonflent et flottent.

LE CHŒUR

Et si vous n'avez pas de redingote ?

— Que notre gilet de flanelle
S'envole vers l'absent comme de blanches ailes.

LE CHŒUR

Et si vous n'avez pas de flanelle ?

— Mais notre pantalon nous reste
Pour faire au train qui part nos signaux de détresse.

LE CHŒUR

Et si vous n'avez pas de pantalon ? —

— (C'est absolument invraisemblable.)

LEÇON DE LECTURE

Mieux que sur un alphabet
Orné de fleurs et de bêtes,
Les employés de chemin de fer à leurs bébés,
Petits garçons, jeunes fillettes,
Sur les wagons eux-mêmes apprendront leurs lettres :
— Lis-moi un peu cette portière, allons Félix ?
— Aabx —
Pas besoin de les envoyer à la laïque.

Plus tard, quand ils seront savants, les chers petits,
Ils épèleront vos casquettes :

Ah ! que jamais ceux-là n'oublient,
Qui alors y verront inscrit
EST !...

(Nous nous comprenons, — il suffit. —)

L'ÉLÉPHANT

Il est certain
Qu'attendre un train
Est pour tout le monde énervant ;
Mais l'est-ce pas bien davantage
Pour un éléphant
Qui part en voyage ?

Outre que les compagnies imprévoyantes
Installent de trop exiguës salles d'attente,
Lui qui ne voudrait pas se faire remarquer,
Pendant qu'il trompe l'heure lente,
Les employés, sur le quai,

Le dévisagent tous de façon insolente,
Ou font exprès de passer, très pressés,
Poussant près de lui leur brouette,
Et répètent :
— Attention, eh ! là, on va vous écraser ;
Mon Dieu ! que les gens sont donc bêtes !... —

Sans doute la bibliothécaire
Insiste bien pour qu'il acquière
Flûtes (je cite en premier, quoique indigne
Mais, que voulez-vous, c'est humain,
Cet ouvrage, son petit premier, de Franc-Nohain,
Humble auteur de ces humbles lignes) —
Veut-il la *Femme et le Pantin* ?
Ou bien
Le dernier livre de Bernard, ou d'Auriol ?
Ou, ce qui lui plairait plutôt, est-ce
Le *Secret du Cacatoès* ?
Veut-il *Amour, Délices et Orgues* ?

(Naturellement, la bibliothécaire, physionomiste,
Auprès d'un éléphant, insiste

L'ÉLÉPHANT

Sur les œuvres des humoristes...)
Mais l'éléphant trouverait fol
Consentir à payer trois cinquante en province,
Des livres que Paris vend deux soixante-quinze ;
D'ailleurs, il n'en achète jamais,
Les éditeurs ayant la rage d'imprimer
Avec de trop petits caractères...
Alors, que faire ?

Que si, du moins, il se pouvait peser ?
Après des efforts sans succès,
De la bascule, hélas ! tristement, il s'écarte :
Le plateau en est si étroit
Qu'il n'y saurait poser plus d'un pied à la fois, —
Et les éléphants en ont quatre.

Or, pendant qu'il fait les cent pas,
Un spectacle effrayant soudain le bouleverse :
Qu'a-t-il aperçu, tout là-bas,
Qui siffle, et qui fume, et se dresse :
C'est l'ennemi, c'est le boa,
Et, devant lui, un être est là —.

De l'éléphant qui lui ressemble,
Serait-ce un frère, —
Sur le dos, la trompe en l'air,
Et pas de jambes !...

(Ce n'est rien, s'il faut vous le dire,
Qu'une locomotive sous une pompe ;
Mais vous admettrez bien que l'éléphant s'y trompe,
— Bien que, par les cheveux, cette image se tire, —
Admettez, cher lecteur, — pour me faire plaisir !... —)

PASSAGE A NIVEAU

— Un son de cloche,
Le train est proche ! —

Et tandis que dans le rapide
Trépide
La fièvre de nos courses folles,
Cahin-caha, les carrioles,
Cahin-caha,
S'arrêtent à la barrière,
Cabriolet, tapissière,
Et l'antique victoria
Qui a
L'âge de la reine d'Angleterre.

C'est la voiture du médecin,
Le vieux médecin à besicles,
— S... ., ipéca, sinapismes, —
Qui va chez le fermier voisin,
Dont la petite a dû manger trop de raisin,
Qu'elle se tortille en coliques...

Et le curé avec sa nièce,
Plus très jeune et jamais très belle,
Un peu niaise,
Mais qui excelle,
Qui excelle la brave Adèle,
A préparer la mayonnaise, —
Gloire des repas d'Adoration perpétuelle...

Et la demoiselle du château,
(Ses mitaines), blanche douairière,
Avecque le fidèle Pierre,
Très fier
Sous la toile cirée un peu rougie de son chapeau,
Mais encor de belle tenue et très comme il faut,
Son chapeau haut...

Ils ont de paisibles juments,
Qu'ils baptisent
Ou bien Cocotte, ou bien La Grise,
Qui vont leur chemin à leur guise,
Pourvu seulement qu'on leur dise.
De temps en temps amicalement,
Quelques mots d'encouragement, —
Car les bonnes bêtes tranquilles,
Elles aussi, font un peu partie de la famille...

Et là-bas, sur la quiétude
Des arbres en bosquets touffus,
Pointe un petit clocher pointu
Evocateur des Angelus, —
Et de Millet, bien entendu,
Pour n'en pas perdre l'habitude...

Oh ! comme tous ces gens sont calmes,
Dans le désarroi de nos âmes ;
Qu'ils prennent peu de peine à vivre,
Et comme ça leur est égal
Tous nos poèmes et tous nos livres : —
Ils ne s'en portent pas plus mal.

Aussi lorsque nous passerons,
Au roulement de nos wagons,
Ils ne comprendront guère, oh ! non,
Nos courses folles,
Que nous puissions avoir besoin
D'aller si vite, aller si loin : —
Mieux vaut
Rester au passage à niveau, —
On est très bien en carriole.

Et pourtant au même passage,
Peut-être, du calme village,
Un soir sans lune,
Un pauvre gars, le cœur pantois,
Viendra s'étendre sur la voie,
Pour l'amour d'une fille brune...

LE VISITEUR

— Messieurs les freins, j'ai bien l'honneur,
Car je suis votre visiteur. —

Et le visiteur passe, frappant du marteau,
Toc, toc, — sans ôter son chapeau,
(Manque d'éducation première); —
Serait-ce pour cela qu'un peu collets montés,
Les freins, à l'impoli, malgré,
Malgré tous ses coups répétés,
Ne répondent jamais : Entrez ! —
D'ailleurs, lui, ne s'en émeut guère.

Et il continue sa besogne,
Toc, toc, toujours, cogne et recogne,
N'ayant d'autre désir, peut-être,
Que de connaître,
Et que d'émettre,
Homme épris d'étranges musiques,
La gamme des freins des wagons,
Toc, toc, toc, comme les clowns font,
Martelant des harmonicas de leur façon,
Comme les clowns font dans les cirques.

BAGAGES

Bout-ci, bout-là, ou bien en pile,
(Fragile !)
Dans le fourgon on les empile,
Valises
Recouvertes de toile grise,
Chapelières, paniers d'osier,
Dont d'Hozier
Reconnaîtrait et saluerait les initiales,
Mais qu'ignorent les employés,
Qui ne sont pas monsieur Crozier,
Et qui, voyant sur une malle
F. F.,

S'en ficheraient comme de nèfles ; —
Ouste ! cantines d'officier ;
Malles rurales,
Dont le bois blanc s'orne de poils ;
Étuis, où l'on met ces chapeaux
Que l'on compare à des tuyaux
De poêle ;
Plates, mais innombrables caisses
Des représentants de commerce,
Et de notre gaîté française ; —
Sans précautions inutiles,
Au fourgon en pile s'empilent,
(Fragile !) —

On s'installe du mieux qu'on peut ;
Pour faire ensemble un long voyage,
Il faut bien s'entr'aider un peu,
(Qu'importe la roture ou qu'on ait le sang bleu !)
Entre bagages...

D'ailleurs, tous sont bien vite unis
Dans un commun sentiment de mépris

Pour une pauvre bicyclette
Qu'ils voient dans un coin, et lui jettent
D'ironiques regards, l'accablent de lazzis :
— Hou ! madame la Bicyclette,
Hou ! hou !
Que vous nous faites de la peine !
Vraiment, si nous avions des roues
Comme vous,
Nous aurions honte qu'on nous traîne ! —

Et sournoisement chacun use
De ruse
Pour venir bousculer l'intruse :

Trop heureux s'ils pouvaient briser à la pauvrette,
Par hasard, un rayon ou deux,
Ou, ce qui vaudrait mieux,
Son pneu,

Afin de lui bien mettre en tête
Que les trains ne sont pas faits pour les bicyclettes.

SIGNAL D'ALARME

Chaque fois que j'ai pris un train,
J'eus toujours le désir malsain,
Sans que nul péril le réclame,
(Il faudra m'attacher les mains),
De tirer le signal d'alarme.

Police des chemins de fer,
Je n'ose encor braver ton règlement de fer !

Mais, hélas ! qui voudra me dire
Ce qui se produit, quand on tire ?
Voit-on, alors, voit-on surgir,

Oh ! la voit-on,
La tête de monsieur Brisson ?

A moins qu'un morceau de carton
A ce moment, soudain, se hausse,
Sur lequel on peut lire, inscrit :
— *Le cléricalisme, voilà l'ennemi !*
Ou bien : — *Le péril est à gauche !*

LE TEMPS DES BOUILLOTTES

Il est revenu, le temps des bouillottes,
Le temps des frimas,
Des pieds qui grelottent :
Encore une année qui s'en va,
Ah ! ça ne nous rajeunit pas...
Il est revenu, le temps des bouillottes.

Dans des couvertures de laine,
— Hygiène ! —
Dans des couvertures pareilles
A des douillettes,
Nous nous envelopperons des pieds à la tête,

Et nous rabattrons notre casquette,
Soigneusement, sur nos deux oreilles.

Et nous ne nous ferons pas faute,
Car on ne prend jamais trop de précautions,
De prendre en outre quelque chose
Dont notre estomac se réchauffe,
Aux stations :
— Bouillons, — bouillottes, —
Bouillottes, — bouillons.

Que si maintenant notre botte
Frileuse frôle la bottine
De notre mignonne voisine,
Que personne ne s'en chagrine :
C'est le vrai jeu de la bouillotte ;

Chères confidences des souliers,
Entre deux gares roman d'une heure,
(C'était peut-être le bonheur...) —
Et si l'hiver est dans nos pieds,

LE TEMPS DES BOUILLOTTES

Le printemps germait dans nos cœurs...

Il est revenu le temps des bouillottes
Le temps des frimas,
Des pieds qui grelottent :
Encore une année qui s'en va, —
Mais nos cœurs ne vieillissent pas...

Il peut revenir le temps des bouillottes.

CONFIDENCES

La dame a dit à la préposée de la gare :
— *Les miens* sont sur le boulevard ;
Sans le moindre soupçon de basse concurrence.
Je dirai donc ce que je pense :
Chez moi, l'on peut prendre son temps,
Et mes clients ont le loisir
D'y demeurer, autant, autant
Que ça peut leur faire plaisir ;
Mais chez vous, c'est une autre affaire ;
Si du moins vous preniez la peine de les faire,
Ainsi qu'au buffet, prévenir,
Ils sauraient à quoi s'en tenir.

L'employé du chemin de fer
Passerait en criant : On part dans deux minutes !
En leur for intérieur, ils murmureraient : Flûte !
Mais ils verraient ce qu'il leur reste à faire,
Et pourraient s'efforcer à de suprêmes luttes...
Mais non, vous êtes sans pitié ;
Ils connaîtront les angoisses, les affres,
De courir, rouges, débraillés,
Raillés
Des voyageurs, des employés,
Arrachant leurs boutons, ou la dernière agrafe,
(Parfois, d'ailleurs, ayant payé,
Et c'est ainsi qu'ils se rattrapent,
Avec une pièce du pape...)

Voulez-vous me permettre encore une remarque ?
De bonnes mœurs prenant prétexte,
Les règlements policiers parquent
Chaque client suivant son sexe :
Les « dames seules » ont leur place,
(Et les « fumeurs » alors, pourquoi pas — enfin, passe.)
Donc, ne craignez-vous pas que les Messieurs se vexent

Pour un inégal traitement !
Vous mettez HOMMES, simplement,
Alors que vous avez mis DAMES :
Mettez FEMMES, —
Ou bien mettez MESSIEURS et DAMES !
Ce n'est que de la courtoisie élémentaire... —

Mais l'autre ayant soudain lâché
Son crochet :
— Ah ! ma bonne Madame ma chère !...
Moi, appeler ça des *Messieurs* :
C'est des monstres qu'il faudrait dire, —
Si vous aviez souffert par eux
Tout ce qu'il m'a fallu souffrir !...

Mon père était baron, et préfet de l'Empire ! —

Et la première lui réplique :
— Il y faut apporter plus de philosophie ;
Que voulez-vous, c'est la vie, — mon mari,
Il était préfet, lui aussi, —
Mais c'était de la République.

SIMPLE LÉGENDE

J'ai rêvé d'une petite gare, dans un pays perdu,
Où personne, jamais personne, ne serait descendu.

Et alors, lorsque le train passe,
Le chef de gare aurait des gestes pleins de grâce,
Et de bons sourires engageants ;
Et tout le personnel serait casquette basse,
Et saluerait même les gens
Qui voyagent en troisième classe...

Mais personne pourtant, jamais,
Personne ne s'arrêterait.

Et l'on verrait aussi paraître
La femme du chef de gare à sa fenêtre,
Blonde, au visage épanoui,
Très accorte
Quoique un peu forte,
Entourée de quatre petits,
Roses et joufflus, pour montrer comme
L'air du pays
Fait aux enfants un bien énorme...

Mais, malgré l'appel accueillant de son visage,
Et l'opulence de son corsage,
On ne s'arrêterait pas davantage.

Puis une fois, une seule fois,
— O joie ! —
Un gros monsieur aurait ouvert
La portière :
Ce serait une fausse joie.
— Monsieur, soyez le bienvenu !... —
Dirait le chef de gare, étrangement ému.

Mais, en le regardant à peine,
Et sans prononcer un seul mot,
Le gros monsieur repartirait presque aussitôt
Satisfait d'avoir satisfait à l'hygiène...

Personne plus n'est descendu,
Et le chef de gare s'est pendu.

LA DERNIÈRE RONDE

Nous n'irons plus aux gares,
Tous les trains sont coupés :
Il s'est bien rattrapé,
Le syndicat Guérard !
Orléans, Saint-Lazare
Et la gare du Nord,
Et Montparnasse encor,
Lyon, l'Est, et Sceaux même, —

Nous n'irons plus aux gares,
Tous les trains sont coupés...

Ah ! que Dieu nous pardonne !
Qu'est-ce que nous ferons :
Rester à la maison, —
(Femme, enfants, et la bonne) !... —
Ne plus prendre le train,
Reprendre le train-train,
De la vie monotone...
Comme le temps me dure
De la grande ceinture !
Allons plutôt à pié
Jusques à Saint-Mandé...

Et l'on vendra les rails
— A la vieille ferraille,
— Et l'on prendra les disques
— Pour jouer aux oublies
— A un sou la partie :
— — Tâche d'en gagner dix !... —

Nous n'irons plus aux gares,
Tous les trains sont coupés :
La belle que voilà

Ira les ramasser. —

La belle qui ramasse
Les trains à bout de bras,
Qui vous épousera
Ne manque pas d'audace !...

Ne manque pas d'audace,
Et même de santé,
(Tu parles !...) ;
Je sais que, pour ma part,
J'aime mieux m'en aller :
Bonsoir, belle ! et bonsoir
Toute la société !...

—Nous n'irons plus aux gares...

PARTIE ANECDOTIQUE

AVERTISSEMENT
POUR LA DEUXIÈME PARTIE

Le lecteur qui, après avoir parcouru les pièces qui précèdent, voudra jeter un regard bienveillant sur celles qui vont suivre, sera assurément frappé du manque absolu de suite qui se plaît à exister entre la seconde partie de cet ouvrage et la première.

C'est exprès.

En les réunissant sous ce même titre, ainsi avons-nous voulu marquer la puissance des TRAINS *et des* GARES, *dont le seul lien suffit à coordonner en notre pensée des poèmes aussi dissemblables.*

Et puis, ne nous sommes-nous jamais réjouis d'un compagnon de voyage, aimable conteur d'anecdotes? — on en est quitte pour oublier les anecdotes, et, si l'on retrouve le conteur, on monte dans un autre compartiment.

L'ANE BLEU

C'est l'histoire d'un âne bleu
Qui était très malheureux :

Il avait mal aux oreilles,
Ça lui bourdonnait dedans,
Avec des douleurs pareilles
A quand on a mal aux dents.

Il s'en fit arracher une,
Il s'en fit arracher des ;
Mais quand il n'en eut plus une,
Comme il était embêté !

Les bourdons qui bourdonnèrent,
C'était les mots aigre-doux,
Les propos que les jaloux
Tiennent de loin, par derrière ;

S'être fait, par infortune,
Arracher toutes les dents ;
Contre ces vilaines gens
N'en pouvoir plus garder une...

Et c'est l'histoire de l'âne bleu,
Qui était si malheureux.

LE SPADASSIN ET L'HORLOGER

Pour un regard, jugé impertinent,
Sur une femme, dont Emile était l'amant,
Ou le parent,
(Peut-être cette femme était-elle une fille,
Une simple fille, cependant ?)
Pour quelques paroles futiles,
Celui que les boudoirs nomment le beau Fernand
A reçu les témoins d'Emile.

Emile est spadassin; Fernand, pour ses horloges,
Bijoutier
De son métier,
Ne mérite que des éloges ;
C'est lui qui règle les pendules, les répare,
Modère leurs ardeurs, ou prévient leurs retards,
Les préserve de tout écart ;

Et prenant sa besogne à cœur,
C'est bien lui qu'on pourrait appeler entre tous :
— A vous, mon cher Hugues le Roux ! —
Le véritable Maître de l'Heure...

Dès les sept heures du matin,
Avec quatre témoins, outre deux médecins,
L'Horloger et le Spadassin,
Sur le terrain, l'épée en main,
Fébriles, en viennent aux mains;
Soudain,
Froissant l'épée, l'astucieux Emile,
De l'arme de Fernand fait sonner la coquille,
— Dzinn ! —
— Comment ! il est déjà le quart !...
Pense le beau Fernand, à part ;
D'un geste machinal, il a tiré sa montre...
Emile, en profitant, d'une riposte prompte,
Le transperce, de part en part...

Et c'est ainsi qu'un horloger périt en duel,
Victime de sa ponctualité professionnelle.

SUR LE TAPIS

Que ce luxe m'impressionna
Du tapis moelleux et grenat,
Dont toute la chambre était tendue,
Où j'attendais votre venue !

Car le poète que je suis
Est de ceux, crottés, qui essuient,
Mélancoliques, leurs souliers,
Sous l'œil torve des concierges, dans les escaliers...

Tapis partout,
Tapis jusqu'où ? —

(Tapis jusque-*là même*, peut-être ?) —
Hélas ! hélas ! n'est-il pas fou,
Sans le sou,
Qui vous aime, pauvre poète !...

En de tels décors de féerie,
Mon âme s'attriste, et s'humilie,
Et n'ose :
Ah ! que dirait, toi que voilà,

Que dirait, en te voyant là,
Foulant ce grand tapis grenat,
Tante Rosa,
Et tante Rose ?

Tante Rosa et tante Rose, dont
Le salon
Symbolisait pourtant jadis pour toi (tu penses !)
Le confortable et l'élégance, —
Avec les beaux cadres dorés,
Surtout le cadre ovale où brillait le portrait,

En sous-officier
De lanciers,
Le portrait de l'oncle Fulgence...

Et devant chaque fauteuil, et chaque chaise,
Un petit rond, ou un petit carré d'étoffe beige,
Avec de la broderie dessus,
Tapis comme l'on n'en voit plus,
Minuscules,
Mais si mignons et si cossus,
Que, même sans grande éducation, on aurait eu
Scrupule,
On aurait eu scrupule, bien sûr,
Rien qu'à les effleurer du bout de sa chaussure.

Faut-il enfin que je répète
Les splendeurs de cette carpette,
Qu'un tapissier subtil avait orné des traits
Du lion, terreur des forêts ?
Sur les bons lions des tapis,
Les simples petits chats viennent faire pipi ;
(Et pourtant si,

Si quelque jour, où on le secouait par la fenêtre,
Si, las d'être battu par la bonne à tout faire,
Le fier monarque du désert,
Si le lion s'était enfui, dangereuse bête...)

Et moi, je songe à tout cela,
Les yeux fixés sur le tapis grenat.

Je songe aussi qu'au baccalauréat, —
Une des fois où je ne fus
Pas reçu, —
Je regardais un grand tapis, de même,
L'interrogeant, anxieux, pour le théorème,
— D'ailleurs l'avais-je jamais su ? —
Dont je ne me souvenais plus...
Tapis grenat, celle que j'aime
Va venir :
De quels mots la charmer, une phrase, un poème ?...
Dans l'angoisse d'un trouble extrême,
Dis-moi, tapis, que lui faudra-t-il dire ?

Mais le calme tapis grenat
(Les tapis bien souvent restent sourds aux demandes),

Le tapis ne me répond pas.

Heureusement de la guirlande,
Qui, luxuriante, resplendissait en son milieu,
J'ai vu, sous les pleurs de mes yeux,
J'ai vu germer, si blanche, une rose éclatante :

La belle rose je cueillis,
Et fi,
Fi maintenant d'une timidité morose :
Humble neveu de tante Rosa, de tante Rose,

Quand on est poète et Français,
On sait
Ouvrir les cœurs en offrant une rose.

LE PETIT MALPROPRE

Jacques eût été un délicieux bambin
S'il n'avait professé pour l'eau et pour les bains,
    Cette répulsion native ;
    S'il avait été mon petit,
    Ah ! mes enfants, je vous le dis,
    Quelle sérieuse lessive !
    Mais son père, à la vérité,
    Avait d'autres chiens à fouetter,
  (Il s'occupait de crédit et d'escompte
Pour le compte d'une maison de banque de Hong-Kong);
    Et sa pauvre petite maman,

Si pâle, si blonde,
Avait dû demeurer depuis l'accouchement,
Il y aurait bientôt sept ans,
Tristement étendue sur une chaise-longue : —

C'est ainsi que les mauvaises habitudes, bien souvent,
Ne sont la faute ni des parents, ni des enfants,
Mais simplement des circonstances
La regrettable conséquence. —

Il n'en est pas moins vrai que Jacques
Arriva, tout barbouillé, les mains dégoûtantes,
Chez ses excellents oncle et tante,
Passer les vacances de Pâques :
Il lui restait sur la figure
Tant, oh ! mais tant de confiture,
Cela semblait une gageure !...

Et l'encre !...
Si par la peau la science entre,
Il devait être bien savant ;
(D'ailleurs, c'était loin d'être un cancre,

LE PETIT MALPROPRE

C'est une justice à lui rendre);
Mais, dame, il en avait par derrière, par devant,
De l'encre, —
Il s'en fourrait jusques au ventre !

Comme bien vous pensez, son oncle
Et sa tante en prirent grand honte :
L'oncle, un vieillard propret, rasé,
Toujours soigneusement brossé,
Qui, du velours de sa calotte,
A son pantalon de cheviotte,
Non plus sur ses pantoufles, ni
Sur ses souliers de veau verni,
N'y
Aurait toléré une crotte ;
Et coquette la tante sous son bonnet à coques,
Ridée mais rose comme pomme d'api :

Quelle tristesse et quel dépit,
Recevoir un neveu pareil,
Un petit neveu dont l'oreille
Ignorait depuis si longtemps

L'usage des savons qui, même avant Rostand,
    Firent la gloire de Marseille!...

    Sévère, c'était pour son bien,
L'oncle, donc, l'accueillit par cette mercuriale :
— Quand les petits garçons ont les oreilles sales
    Ne sais-tu pas ce qui advient ?
Apprends-le donc, puisque tu restes sans réponse,
    Et prends-en ta part mon garçon :
    Dans l'oreille des polissons,
    Des arbres poussent, des buissons,
    Et des épines, et des ronces!
Et alors tu verras si c'est agréable :
    Des bêtes viennent, effroyables,
    Avec des griffes et des crocs,
    Et qui, dans les fourrés, se cachent... —

— Oh! il n'y a rien là, répond Jacques à ces mots,
    Qui me fasse peur ou me fâche ;
    Car il faudra bien qu'aussitôt
    Toutes ces vilaines bêtes me lâchent :

    Je sonnerai : « Taïaut ! taïaut ! »
    Avec ma trompe d'Eustache. —

LA MÉNAGERIE AMOUREUSE

Petite pluie, pluie fine des soirs,
Ma luxurieuse mauvaise conseillère :
Je n'ai pas allumé la lampe familière,
J'ai fui la page blanche, — et j'erre
Par les rues et sur les trottoirs,
— Ombres noires,
Sous les réverbères,
Appels tentateurs et pervers, —
Petite pluie, pluie fine des soirs,
Ma luxurieuse mauvaise conseillère...

Et la voix de dames âgées, mais provocantes,
— Blondes grasses ou brunes piquantes :
Bacchantes ! —

La voix de ces dames poursuit
Ma promenade dans la nuit.

Encor que leurs propos m'assurent
D'une sympathie qui me flatte,
Je constate
Qu'elles ont des données bien inexactes
Sur
La couleur de ma chevelure ;

Bah ! il n'y a pas injure.

Mais où leur incohérence passait les bornes,
C'est quand ces aimables personnes
Ont voulu, bon gré, mal gré,
Plutôt mal,
Ont voulu me comparer
A quelque mignon animal :
Rat, chat, lapin, poulet, çà leur était égal.
(D'ailleurs, lapin bleu, poulet rose,
On voyait bien qu'elles parlaient sans cause, —
Uniquement pour dire quelque chose.)

Et j'ai dit : — Non, je ne suis pas
Votre rat :
Les rats sont dans votre cuisine,
Qui, des bons reliefs de vos plats
Vont se pourlécher les babines ; —

Ou bien, au grénier, ils dansent autour des malles,
Et même, je vous prie de le croire, ne respectent guère
Le portrait, dont on a cassé d'ailleurs le verre,
Et dont est fort endommagé le cadre ovale,
Le portrait, en uniforme de colonel,
Du vieux Monsieur que vous donniez naguère,
— Mais vos opinions ont changé sur l'Affaire :
Elles
Etaient, je crois, superficielles, —
Que vous donniez pour Monsieur votre Père...
Non, Madame, je ne suis pas
Votre rat ! —

Et j'ai dit : — Non, je ne suis pas
Votre chat :
(D'un mot à double sens est-il donc bien la peine,

Dont la banalité le dispute à l'obscène, —
Et puis où sont
Où sont les sisters Barrisson ? —)
Non, Madame, je ne suis pas
Votre chat ! —

Et j'ai dit : — Non plus le destin
Ne m'a pas fait votre lapin,
Et veuillez, non plus, s'il vous plaît,
Ne m'appeler votre poulet :
Parmi le serpolet, le thym,
Dans les clairières,
Laissez dormir jusqu'au matin,
Au clair de lune, les lapins,
Rangés en rond sur leurs petits derrières ; —
Et laissez, combien loin des foules,
Et de tous ces fiacres qui roulent,
Et laissez, sans les éveiller,
Tous les poulets au poulailler,
Endormis, depuis très longtemps, comme des poules...
Non je ne suis, Mesdames, s'il vous plaît,
Ni votre lapin, n'est-ce pas, ni votre poulet ! —

Et chacune des dames mûres,
Mais cette fois toutes d'accord sur le même mot,
Murmurent
Le nom d'un animal nouveau :

— Veau ! —

Petite pluie, pluie fine des soirs,
Ma luxurieuse mauvaise conseillère...

LE REMÈDE INATTENDU

Dans le bosquet la jeune Elvire
Faisait retentir l'air de ses cris déchirants :
Ah ! disait-elle, un tel martyre !...
Mieux vaut mourir :
Adieu ! adieu ! mes chers parents ! —

La jeune Elvire avait une rage de dents.

Souffrait-elle des conséquences d'un coup d'air ?
Voulut-elle briser la coque d'un fruit vert ?
Ou bien, ce sont des hypothèses,
Etait-ce

Etait-ce une dent de sagesse ?
Quoi qu'il en soit, amis lecteurs,
Vous préserve le ciel de semblables douleurs
Maintenant, pour en revenir
A la jeune et dolente Elvire,
L'infortunée, que la douleur accable,
S'est jetée au pied d'un érable ;
De ses doigts crispés dans la mousse
Elle creuse d'affreux sillons ;
Attendris et muets s'arrêtent les grillons,
Aux gémissements qu'elle pousse...

Puis c'est le grand abattement
Qui succède infailliblement
Aux plus épouvantables crises ;
Le sommeil, enfant de la fièvre,
Apporte, enfin, un peu de trêve
A la souffrance qui la brise.

Combien de temps dura cette lourde torpeur ?
Un quart d'heure ?
Une demi-heure ? ou une heure ?

Comme écrit notre Molière,
Le temps, amis lecteurs, ne fait rien à l'affaire ;

Enfin, Elvire se réveille :
Le supplice va-t-il recommencer ? Mais non,
Elle ne souffre plus, ivresse sans pareille,
Elle ne souffre plus : seulement, dans l'oreille
Quelque chose la chatouille. Quoi donc ?... Voyons...

Ce quelque chose est un flocon,
    Non pas de neige,
    Mais de coton.
Cela tenait du sortilège !
Votre surprise, amis lecteurs, s'explique assez ;
    Mais j'abrège
Voici ce qui s'était passé :
Un oiseau, s'envolant près d'Elvire, la vit, —
    Qui cherchait où bâtir son nid ;
Ce recoin doux, et rose, et chaud, semblait propice :
    D'un brin de laine recueilli
    Aux haies où broutent les brebis,
    Il commença son édifice...

Vous m'arrêtez, belle incrédule :
— Histoire folle !... ridicule !... —
Et, du doigt, vous me menacez...
Ce n'est point badinage, et m'en croyez, Madame :

La conque de l'oreille des femmes
Est-elle pas un nid de baisers ?

INGÉNIEUSE ÉRPONSE D'UN JEUNE GARÇON

A la terrasse d'un café, avec son père,
 Le voilà installé, tout comme
  Un homme,
 Comme un homme le petit Albert ;
  J'espère !

 Y en a-t-il beaucoup en France,
Beaucoup de garçonnets de votre connaissance,
 Qui, à cette heure, boivent dans un grand verre
 Du sirop de grenadine ? Non, je pense ;

C'est qu'aussi il n'y en a guère
Dont les parents puissent être aussi fiers,
Et qui soient aussi forts en histoire de France.
Il faut bien qu'on le récompense,
Il vient encore d'être premier.
(La composition était sur Jeanne d'Arc.)
On est allé voir les baraques,
Les baraques du premier janvier.

Et maintenant, tant pis si l'on rentre en retard !
Tant pis si maman gronde un peu
Que le plat trop longtemps, attendit sur le feu :
C'est la vie, c'est la grande vie du boulevard !

Grenadine à l'enfant, au père absinthe verte ;
— Puis, vous nous apporterez
Tous les journaux illustrés, —
Pour que la fête soit complète !

(Admirer de Forain le crayon incisif
En savourant l'apéritif !
Joie ! à nous Hermann Paul, Caran d'Ache, et Willette !)

Cependant les gens vont et viennent,
S'arrêtant, en passant, devant le jeune Etienne ;
(Albert s'appelle Etienne aussi,
Ceci
Soit dit pour la commodité de mon recit, —
Stéphanie est d'ailleurs le nom de sa marraine).
Donc tous au jeune Albert-Etienne
Proposent d'une voix méliflue
Divers objets qui constituent
Le cadeau le plus séduisant, à leur avis,
Qu'un père, à son enfant ravi,
Puisse donner pour ses étrennes.

Mais le père d'Albert, du geste les écarte,
Et à son fils tient ce discours :

— Albert, tu n'as reçu le jour
Que longtemps après nos désastres,
Mais, cher petit, digne espoir de ma race,
Tu dois t'en souvenir toujours !

Or, ces jouets, que l'on te vante,
Je rougis rien que d'y penser,

C'est
De la fabrication allemande !
Etienne-Albert voudrait-il donc encourager
Le commerce de l'étranger ?
Ah ! mon fils, je te le demande !...

L'enfant réfléchit un moment :
De m'avoir prévenu, père je te rends grâces,
Dit-il, et reçois mon serment :
La terre m'engloutisse, ou la foudre m'écrase,
Si je touche jamais ces jouets allemands !

Mais, ajouta-t-il à voix basse,
N'est-il pas des ballons d'Alsace ?

LE FIACRE D'EULALIE

Maison à double issue au quartier de l'Europe,
    Rez-de-chaussée tendu d'andrinople :
      — A travers la triple voilette,
Oh ! les premiers baisers, dans le cabinet de toilette ! —
        Voilà le repaire choisi
        Pour l'adultère, c'est ici
        Le tombeau des femmes honnêtes : —
Et Gaëtan attend sa dernière conquête...

Ultime rejeton d'une race de preux,
Gaëtan ne suit pas les pas de ses aïeux :

Vain héritier de leur valeur guerrière,
    A dix-huit ans il se borna
    A faire son volontariat,
Et n'est pas même officier de cavalerie démissionnaire.
    Il a placé en viager
La fortune que lui légua l'oncle Roger
        (D'Angers),
Et libre ainsi de tout souci matériel,
Il voltige de fleur en fleur, comme l'abeille,
    Fleurs du mal, ou fleurs d'oranger,
        Sans songer
    A rien autre que bagatelle :
    — C'est ainsi qu'au sein des délices,
    Les familles s'abâtardissent. —

Et chaque jour de nouvelles maîtresses
Sont entraînées par lui, sous les subtils prétextes,
        Dont prend texte,
    Pour ne pas dire dont abuse,
    Son esprit fertile en ruses :
    Hier, c'était la jeune Lucienne,
Qu'attirait sa collection de gravures anciennes ;

LE FIACRE D'EULALIE

Pour admirer sa panoplie,
Aujourd'hui voici la jolie
Eulalie
(Femme du malheureux Etienne),
Dont il épie l'arrivée derrière la persienne ;

Or, par calcul, par accident, ou par hasard,
Eulalie est en retard.

Ah ! qui sut dire, — est-ce par vous, Ernest
La Jeunesse ? —
Qui sut dire de quelle angoisse nous oppresse
Le roulement de la voiture de nos maîtresses ?
— Brrr... brrr... mon cœur a fait tic-tac :
Hélas ! non, ce n'est pas son fiacre,
C'est un break (prononcez pour la rime *bre-ak*) ; —
— Tu bats encor, mon pauvre cœur :
Mais, à nouveau, tu fais erreur,
Car c'est le simple attelage de l'arroseur... —

Et Gaëtan, en attendant,
Cette attente l'énerve trop,

S'étend
Sur le divan profond comme un tombeau : —

Brrr... brrr... ces roulements... il rêve...
Brrr... brrr... brrr... sans trêve, sans trêve,
Des roulements emplissent son oreille :
Mais, quoi ? qui roule ainsi toujours ?...
Ce n'est pas toi, véhicule d'amour :
C'est le tambour, c'est le tambour,
Qui bat l'héroïque réveil !...

Bruit d'olifants, de palefrois,
Allons, Gaëtan, lève-toi :
C'est la voix
De ceux des tiens qui versèrent leur sang vermeil
— (Vois
Vois comme est rouge l'andrinople !...) —
A Bouvines, à Fontenoy,
A Waterloo, à Gravelotte !...

Mais voici que soudain deux petites menottes
Couvrent les yeux de Gaëtan :

— Fi ! le vilain, qui s'endormait en m'attendant ;
Coucou !... qui est là ? C'est Chouchoute ! —

(Chouchoute, d'Eulalie est un diminutif.)

— A pied aurais-tu fait la route ?
Ta voiture, je ne l'entendis pas, pour quel motif
— Tu ne l'entendis pas ? sans doute :
Les roues des fiacres, grand naïf,
Maintenant, on les caoutchoute.

LES ÉPINGLES

Ah ! dans la tête des épingles,
Qui dira les désirs fous, les rêves ardents,
Et tout ce qui se passe dans
Leurs méninges, —

Ah ! les pensers que roulent dans leur tête les épingles !

Et d'abord toutes les épingles, assurément,
N'ont pas le même tempérament,
Et il faudrait, suivant les méthodes certaines
De notre Taine,

Il conviendrait qu'en une étude,
On tînt un compte sérieux
Des différences de milieu,
D'éducation, de genre de vie, et d'habitudes :

J'en sais qu'en de sombres orgies
Emploie
Tel cynique vieillard, chercheur d'étranges joies,
— Un sénateur peut-être, ou quelque homme de loi,
Voilà les gens par qui notre France est régie ! —
Mais glissons sans dire pourquoi ;
Epingles des sombres orgies ! —

Combien plus calme, et la tête assagie,
Celle qui se consacre à l'entomologie :
Et comme je l'aime davantage,
L'autre vieillard, le bon vieillard qui va,
Avec son complet d'alpaga,
Son filet, et son panama,
Parmi les champs et les bocages,
Courant après, à travers prés,
Les beaux papillons diaprés...

Epingle, ton dard acéré,
Entre ses mains, sans doute, aura plus digne usage :
Car l'on te confiera la mission austère
De piquer des coléoptères ; —
A moins que le vieil entomologiste, bon apôtre,
— Pffft !...
Sait-on jamais avec les entomologistes ? —
Rentré chez lui, fasse des saletés, comme les autres...
Epingles, épingles, si j'insiste,
Ce n'est pas qu'à vos mœurs j'en impute la faute ;
Mais voyez-vous, on a beau avoir une tête,

Qu'il est donc malaisé de demeurer honnête !

Pourtant il est des épingles plus chastes,
Au corsage discret de blondes ouvrières,
De celles-là qui s'habillèrent, —
Elle est terrible aux retardataires, cette Première ! —
Qui s'habillèrent à la hâte,
Et même à la six quatre
Trois :
— Monsieur ! Monsieur, à bas les pattes !
Vous allez vous piquer les doigts ! —

Au corsage des ouvrières blondes et chastes,
Epingles, gardiennes vigilantes
De poitrines très opulentes
Ou très plates...
(Les gens entreprenants ont des goûts disparates.)

Epingles aussi des tutus,
Epingles, dragons de vertu !

Et toutes ont dit aux aiguilles,
D'un air de compassion un peu blessante :
— Comme nous vous plaignons ! la nature méchante
Ne vous a pas donné de tête, pauvres filles !
Ah ! comme vous devez souffrir :
Vous ne saurez pas découvrir
Les fleurs de la science au milieu de ses ronces ;
Vous ne pouvez pas réfléchir,

L'œuvre de Monsieur de Voguë vous reste absconse. —

Les aiguilles, sans faire attendre leur réponse,
Et d'un petit ton aigre-doux :

— Mon Dieu, chères, de vous à nous,
Incomplètes pour incomplètes,
Certes, nous déplorons de n'avoir pas de tête,

Mais, du moins, nous avons un trou.

PAPIER BUVARD

Le papier buvard a trop bu
D'encre de toutes les vertus ;
Il chatouille le presse-papier dans sa main de marbre,
Et va tirer les plumes par la barbe ;
Ohé ! ohé ! papier buvard,
Le papier buvard qui fait des blagues,
Et qui rigole, et qui zigzague,

Le papier buvard est pochard.

J'ai connu des papiers buvards, j'en ai connu,
Dans les pensionnats de demoiselles ;
Une couverture en maroquin était dessus,

Où s'envolaient des hirondelles :
Ah ! ce ne sont pas eux, tout roses, et si ingénus,
Qui se seraient mis dans des états pareils,

Calmes buvards des pensionnats de demoiselles.

Et ils étaient les confidents
Du premier mot d'amour qu'un jeune cœur soupire,
Chastes aveux, tendres serments,
Où se cacher pour les écrire,
Pendant la classe de calcul,
Sous le regard inquisiteur de sœur Ursule ?...
Billets qu'on écrit en tremblant,
— Amour, printemps,
Et lys et lyre, —
Pour le petit cousin Fernand,
Celui qui prépare Saint-Cyr ;
Papiers buvards que j'ai connus, gardiens fidèles
Des doux secrets d'amour des jeunes demoiselles...

Et d'autres buvards, plus modestes,
Dans le carton où l'écolier met ses devoirs,
Collés près d'une carte de France, où l'on peut voir,

Douloureusement marqués de noir,
Nos chers départements de l'Est,
— Géographie,
O ma patrie ! —
J'ai connu des papiers buvards graves et modestes.

Tous rougiraient en te considérant,
Frère indigne, ô papier buvard intempérant !

— Mais quoi, belle amie, pour en faire vos papillottes,
C'est lui que vous avez choisi ?
Ne voyez-vous pas qu'il est gris ?
Il va vous dire, belle amie,
A l'oreille, des choses inconvenantes et sottes...

Vraiment ? Je ne vous aime pas ?
C'est le buvard qui dit cela ?
Ne prenez pas cet air sévère ;
Vous savez bien, surtout en un pareil état,
Que le papier buvard comprend tout à l'envers.

Allons, jetez ce buvard-là :
S'il faut faire des papillotes,

Mes *Flûtes* sont-elles pas là ?
Et le *Gaulois*, et les *Débats*,
Sans vouloir nommer tous les autres... —
Et moi-même, d'un geste agacé,
Par la fenêtre, je l'ai lancé
Pour le chiffonnier et sa hotte...

Est-ce un mois, ou deux mois plus tard ?
J'ai retrouvé mon papier buvard
A demeure installé dans un bureau de poste.

— Ah ! je me suis bien assagi
(dit-il),
Et les gens qui viennent ici
Pour me confier leurs écrits,
Anxieux, fébriles,
(— Ce soir, à minuit.
— Impossible.
— Venez vite. — Cordial merci.
— Lettre suit.
— Répondre aux initiales L. J.,
406.),

En vain ces gens-là me prient-ils,
Et veulent me forcer à boire :
Leur insistance est inutile,
Non, je ne veux plus rien savoir...
— Cette sobriété t'honore, camarade !
Lui dis-je avec assentiment ;
— Et puis, ajouta-t-il vraiment,
De l'encre du gouvernement....
Je ne veux pas me rendre malade !

LES CHAMPIGNONS

Aux champignons les parapluies ont dit,
Dirent-ils,
Bien entendu, les parapluies aiguilles, —
Aux champignons les parapluies
Ont dit :
— Vraiment, vous êtes trop petits,
Vous déshonorez la famille !...
Nous qui sommes déjà d'un caractère sombre,
Combien plus nous nous attristons,
Champignons,
Quand sur vous notre regard tombe :

Songer qu'on a, de par le monde,
Qu'on a pour frères, et en quel nombre ! —
(Pour vous renier, la ressemblance est trop profonde,) —
De lamentables avortons !...

Nous n'exigerions pas que vous suiviez les traces
　　Des géants, gloire de notre race :
Parapluies orgueilleusement dressés au coin des places,
　　Les jours de foire ou de marché.
Le violoniste a préludé d'un coup d'archet,
Et la foule, à l'entour, mélomane s'amasse.
　　Et l'on répète les couplets
　　Délicats de notre Delmet,
　　　　(Oh ! ses romances !
　　C'est fini, et ça recommence...)

　　Les jours de foire ou de marché,
Parapluies orgueilleusement dressés au coin des places.

　　Parapluies au bord de la mer,
　　Sous lesquels la famille entière,
　　　　L'époux, l'épouse,
Avec le fils aîné, grand de cinq pieds six pouces,

Et le petit dernier qui tète encore son pouce,
Tous,
(Quelle chaleur ! A table d'hôte on étouffait !...)
A l'abri du soleil vont prendre le café,
Et l'alcool, par qui le café
Se pousse :
Parapluies sous lesquels on boit, on fume, on cause,
(Parapluies ou parasols, c'est la même chose...)

Mais sans vous élever à ces modes superbes,
Ne pourriez-vous, du moins, être moins ridicules ?
De la pluie qui transperce et du soleil qui brûle,
A peine si vous abriteriez, si minuscules,
Un scarabée et trois brins d'herbe :
(Et puis
Est-ce qu'une bête à bon Dieu
Ne peut
Se passer, soit dit entre nous, de parapluie ?...)

Il y a d'autres avantages à être grand ;
Quand nous avons avec des gens un différend,
Nous leur crevons un œil ou leur cassons la tête,
Et allez donc ! à la bonne franquette !...

Comment donner un coup, un paing, un gnon,
   (On se sert de tel ou tel nom,
   Suivant son éducation),
  Comment donner un paing, un gnon,
  Quand on n'est rien qu'un champignon ?
Votre faible stature ne le saurait permettre ;
   Vous vous vengez d'autre façon :
   Vous avez recours au poison, —
      C'est traître ! ..

   Enfin, croyez-vous qu'on soit fier,
Lorsque, dans un refrain polisson, on entend
   Répéter le nom d'un parent
Bizarrement associé au mot : tabatière ;
  — Champignon, tabatière, — :
Et encor, s'il n'y avait rien que : tabatière !...
Les champignons ont répondu : — Quant à cela,
  Point ne nous chaut que l'on nous raille ;
Notre exiguïté est hors de tout débat,
Mais, ont-ils ajouté avec un noble éclat,
  Redressant leur petite taille :
Nous autres, parapluies, *on ne nous ferme pas!* —

LES HORLOGERS

J'ai toujours considéré les horlogers
Comme de nature inoffensive, un peu puérile,
Et singulièrement sujets
A se forger
Des tas d'occupations inutiles.

C'est égal, ils n'ont pas de honte,
Ces horlogers,
Gens adultes et parfois même assez âgés,
— Tandis que la guerre civile peut-être gronde,
Et qu'au dehors attend et nous menace l'étranger, —
Ils n'ont pas honte, ces horlogers,

De passer les journées le plus vides du monde,
A arranger, puis déranger,
Rarranger, et redéranger,
Des montres,
Qu'ils montent et tantôt démontent,
Sans que leur calme imperturbable se démonte.

Et d'abord, rien qu'à cette lunette qui n'a qu'un verre,
Dont ils se fourrent, de travers,
Le gros bout dans le coin des yeux,
On voit bien tout de suite que ça n'est pas sérieux.

Ou encore, ôtant leur lunette,
Gravement ils écoutent, en hochant la tête,
Ils écoutent la *petite bête ;*

La petite bête, à l'âge de ces Messieurs ;
— Ecoute, mon mignon, écoute !... —
Vous admettrez bien qu'ils s'en foutent ;
Ou alors c'est qu'ils sont gâteux ; —
Ou bien les deux. —

Cependant, flattant leur folie,
Complaisamment, nous les laissons

Pénétrer, au moins une fois le mois, dans nos maisons,
— Je vous demande un peu ce que ça signifie, —
Et nous souffrons qu'à nos intimités ils s'initient,
Ces gens qu'à peine nous connaissons :

Tout cela, sous le prétexte ridicule,
De vérifier nos pendules ;

Pendant une heure, ils tournent les aiguilles,
Et font
Sonner l'artistique (de bronze doré) petite fille
Qui court après un papillon,
Ou le berger contant à la bergère sa passion,
Ou la biche agile, le chien fidèle, le fier lion,
Ou Laure tendrement enlacée à Pétrarque, —
Nous n'y faisons pas attention,
Ce sont de pauvres maniaques ;
Remarque
Que si nos domestiques s'amusaient de la sorte,
Ce que nous les ficherions à la porte !...
Mais on dirait vraiment qu'une grâce d'État
Protège ceux qui, d'être horlogers, font état.

Pourtant, où cette manie n'est pas sans péril,
C'est quand ils grimpent, les imbéciles,
En haut des clochers de la ville :
Car vainement on voudrait les en empêcher,
Ils ont la rage d'escalader tous les clochers,
Et, comme des fous, ils se moquent
Et du vertige, et du danger,

Et vont causer, près de la girouette, avec le coq.

Quand soudain vos fils apparoissent
Ainsi perchés sur le clocher d'ardoise
De la mairie, ou de l'église de la paroisse,
Mères des horlogers, qui dira votre angoisse ?

L'horloge passe avant tout : régler l'horloge !
A la dignité de ce rôle,
Jamais l'horloger ne déroge ;
Hâte-toi, écolier qui te rends à l'école,
Et que les fidèles se pressent
Pour arriver, avant l'Evangile, à la messe :

L'horloger, au péril de sa vie, règle les horloges.

Cette formalité lui semble nécessaire,
Dût trembler et pleurer sa mère ;
Les horlogers pourtant, ne sont pas méchants,
Mais ils raisonnent comme des enfants...

La nature des horlogers est puérile.

GANTS

En un coffret de bois des îles,
Temple des souvenirs futiles,
En un coffret,
Dont la serrure est à secret,
Secret subtil, —
J'ai retrouvé le gant parfumé de verveine :

Et c'est une idylle ancienne.

Le gant, le long gant parfumé,
En peau de Suède,
La belle qui me l'a donné,
N'était-ce pas, autant que je me le puis rappeler,

N'était-ce pas à un bal costumé
A la légation de Suède, —
— Oh! son bras blanc, son bras de neige!... —
Et de Norwège!

Ce gant, que je n'ai pas rendu,
— Oui, je veux garder en trophée,
L'empreinte de tes doigts de fée... —
Ce gant, naturellement, je ne l'ai pas rendu :
Et l'autre gant, alors, qu'est-il devenu ?

Maintenant cette idée m'obsède ;
Que deviennent les gants de Suède,
Que deviennent-ils,
Les gants de peau, les gants de fil,
Que deviennent
Les gants parfumés de verveine,
Ou qui ne sont pas parfumés,
Les pauvres gants périmés ?

J'en sais, des gants, j'en sais qui furent
Perdus en omnibus, perdus en voiture,

En bateau ou en chemin de fer :
Si les gens qui les retrouvèrent
N'avaient pas la même pointure,
Que purent,
Que purent-ils bien en faire ?

J'en sais des gants, j'en sais qui furent
Lancés à travers des figures,
— Au café, ou bien au cercle, ou sur le turf, —
De messieurs qu'on traitait de mufles :
Et ces gants-là, qui sait (qui sait ?)
Si personne les a ramassés..,

(Combien de gens, pourtant, à ce que l'on assure,
Qui, pour acheter des gants, durent
Se priver de nourriture...)

Où donc, où se peut-il bien qu'aillent
Les gants blancs, les gants gris-perle, les gants paille,
Avec lesquels nous convoitâmes des hymens :
(— Mon père, cette jeune fille est une perle ;
Mettez, mettez vos gants gris-perle,
Et m'allez demander sa main. —)

Une ou deux fois peut-être, alliant l'élégance
Aux économiques nécessités de l'existence,
Nous les avons envoyé
Nettoyer,
— O Benzine, Benzine sainte,
Des employés à deux mille cinq ! —
Aux commerçants qui s'occupent de dégraissage :
Et puis les voilà hors d'usage.

D'indigents nous faisons la joie,
Avec nos vieux chapeaux de soie ;
Et, d'un ancien habit à queue,
Nous charmons les pauvres honteux :

Mais nous n'avons jamais accoutumé de faire aumône
De nos vieux gants, en peau de chien, rouges ou jaunes.

Et, décolorés et flétris,
Sentant le vieux bout de cigare,
Ou de vagues poudres de riz,
Les gants, témoins jadis des amoureux hasards,
Compagnons des jeux et des ris,
Les gants sont jetés à l'écart:

— A moins encor que la nécessité barbare
Ne les fasse couper, horreur! pour qu'ils préparent,
De quels onguents, ô gants! enduits,
La guérison des panaris!...

TOUCHANTE ATTENTION DE M. DURAND

Il est certain que le couple Durand
Aurait, par dessus tout, désiré des enfants,
Et que nul cercle de famille
N'eût applaudi par de plus joyeux cris,
A l'apparition d'un fils,
A la naissance d'une fille :
Des jumeaux même eussent été les bien accueillis ;
Mais c'est toujours ce qui arrive
Sur notre passagère rive :
Quand on en veut, on n'en a pas

Plus on en veut moins on en a, —
Ainsi, de nous, la nature se gausse ;
Il en est de ces gosses-là
Comme de pas mal d'autres choses.

Mais ne nous attendrissons pas.

Les Durand, selon la coutume,
Reportaient leur affection
Sur des bêtes de différente dimension,
Chiens, chats, oisons, ou bien poissons,
Et poil, et plume ;

Mais caniche fidèle ou perroquet jaseur,
Poisson rouge, chat angora,
Tout çà,
Tout çà ne remplit pas le cœur :

Comme il était vide, si grand,
Le cœur de Madame Durand !

Monsieur Durand s'efforçait bien, bonne âme,
Par mille riens, mille cadeaux ingénieux,
De ramener un peu de gaîté dans les yeux,
Les chers yeux de sa tendre femme !

Il l'emmenait au concert Lamoureux,
Souper au cabaret comme deux amoureux,
Voir Séverin, l'excellent mime,
Et la *Dame de chez Maxim;*
Il lui donnait des fleurs, des bijoux, tant et plus, —
Et je passe, bien entendu,
Sur les prévenances plus intimes : —
Temps perdu,
Madame Durand ne s'éjouissait que pour la frime...

C'est surtout quand la pauvre dame avait été
Prendre chez quelque amie une tasse de thé,
Qu'elle revenait abattue :
La vue
D'un frêle essaim de jeunes filles,
Papillonnant autour des mères de famille,

La transperçait de mille traits :
Pour offrir le rhum, et le lait,
                    Avec
L'assiette de gâteaux secs,
Avoir aussi une petite demoiselle...
        Et elle rentrait, triste à crier,
    En songeant, hélas ! que chez elle,
Nulle enfant ne viendrait tendre le sucrier...

        Un jour, à l'heure où l'on servait
                    Le café,
    Monsieur Durand, jovial, dit : — Qui a fait
Une bonne surprise à sa poupoule en sucre ! —
        Sans hésiter : — C'est le coco en or ! —
Répondit Madame Durand ; car, bien qu'ils fussent
            Mariés depuis plus d'un lustre,
De ces termes d'amour ils se servaient encor.

Et là-dessus, l'aimable époux sort de sa poche
Une langouste ; la langouste s'approche
De Madame Durand, étonnée et ravie ;

Puis admirablement dressé,
— A coup sûr, Monsieur Durand sait
Ce que dut lui coûter cette plaisanterie,
(Mais que ne fait-on pour une épouse chérie ?) —
Très gentiment, le crustacé
Vint déposer, au fond de la tasse servie,
Un morceau de sucre cassé,
Qu'il avait, de sa patte, adroitement pincé,
Sans en paraître embarrassé,

Comme s'il n'eût jamais fait que cela de sa vie...

LA FRAUDE DÉJOUÉE

Malle, carton, ou bien panier,
Tour à tour, il faut que tout passe
Sous ton œil torve et perspicace,
  Douanier !
Quand tu le regardes en face,
Le fraudeur, malgré son audace,
Soudain se trouble et n'ose nier :
Sous ton œil torve et perspicace,
Malle, carton, ou bien panier,
  Tout passe...

La petite dame effrontée
Cependant a conçu le projet, folle idée,

D'emporter, sans qu'on le remarque,
Trois bouteilles de vieux cognac.
Cette frêle petite dame, quelle apparence,
— Oui, quelle ! —
Qu'elle
Puisse avoir des habitudes d'intempérance ?
Mais le cognac n'est pas, je pense,
Pour son usage personnel.

Je crois aussi que l'hypothèse serait fausse
De supposer que, cuisinière experte,
C'est uniquement pour en mettre,
De ce vieux cognac, dans les sauces...

Va, coquette contrebandière,
L'amour seul put t'induire à ces louches pratiques :
C'est une surprise qu'elle veut faire
A son amant alcoolique.

Donc, dans sa malle, et fort bien cachés, j'en réponds,
Tout au fond,
Sous des robes, sous des jupons,
Des pantalons,

LA FRAUDE DÉJOUÉE

Parmi tout un fouillis froufroutant de malines,
  La petite dame maligne
  Dissimule les trois flacons : —
  Elle avait des pieds trop mignons
Pour pouvoir mettre des bouteilles dans ses bottines.—

Avec les autres voyageurs du train express,
Dès l'arrivée, vers les bagages elle s'empresse.
C'est là que le douanier, près du flot qui s'écoule,
   Comme une digue,
   D'un geste digne,
   Vêtu de vert,
   Calme et sévère,
  Le douanier arrête la foule ;
Et vous croyez que c'est ainsi que l'on s'en tire,
Que vous allez, avec votre malle, sortir,
   Tranquillement, sans qu'il vous fouille ?
   Permettez-moi de vous le dire,
  Madame, vous n'avez pas la trouille !...

  — Vous n'avez rien à déclarer ?
  A demandé le douanier ;

— Non, Monsieur, et, je vous en prie,
Répond la dame, avec un air tout éploré,
Faites vite, ma petite fille est à l'agonie :
Si vous me retenez au sein de cette gare,
    Hélas ! j'arriverai trop tard !
Pour quelques vêtements empilés au hasard,
Lorsque l'on m'apporta la dépêche brutale,
    Faudrait-il donc ouvrir ma malle ?
Faites vite, Monsieur, et, si vous êtes père,
Abrégez cette attente où je me désespère ! —

    Le douanier, au fond, est bon zigue,
    Et, se laissant toucher, bonhomme :
    — Vous ne cachez pas là de rhum,
    Pas d'eau-de-vie de Dantzig ?...
Allez ! — Et il secoue la malle, pour la forme.

Mais les poils dont cette malle, d'antique forme,
    Suivant la mode un peu désuète,
    Etait couverte,
    Les poils étrangement se dressent :
    Déplorable mésaventure,

A la secousse, le contenu
Des bouteilles brisées s'était tout répandu,
Et notre malle, ayant tout bu,
Avait très mal, maintenant, à sa chevelure...

Fraudeurs, prenez toujours cette précaution
D'acquérir des colis, dont la complexion
Supporte
Plus aisément les liqueurs fortes.

LE MARTEAU

L'immeuble, hôtel jadis altier
D'un président à mortier,
Affectait maintenant l'apparence vétuste
De ceux-là, qu'artisans des modernes quartiers,
Font disparaître sans pitié
Les fiers démolisseurs aux pioches robustes.

Seul le portail restait entier,
Avec sa porte de noyer,
— De noyer, ou d'érable, ou bien de chêne, ou d'orme ? —
La porte énorme,
Où battait un marteau pesant,
Qui, du poing crispé d'un lutteur, avait la forme :

Ah ! combien, pendant deux cents ans,
Avaient, d'une main inquiète,
Soulevé ce marteau, et par la porte ouverte,
En tremblant tendu leur requête,
Ou quelque message pressant,
Au suisse majestueux et méprisant !...

Puis vinrent d'autres temps : de publiques enchères,
Soit licitation, soit quelque coup du sort,
Firent du vieil hôtel une maison de rapport,
Entre les mains d'un trop ingénieux propriétaire :
(Appartements ornés de glace,
Eau et gaz !...)

Et sur la porte furent mises
Ces indications précises :
— Frappez une seule fois, pour
Le pavillon qui est au fond de la cour ; —
Deux fois (vous le deviez penser),
Si vous allez au rez-de-chaussée : —
— Frappez trois fois pour le premier étage, —
Et quatre fois pour le second, —

LE MARTEAU

Et ainsi de suite ; mais, au fait, non :
Comme il n'y avait que deux étages dans la maison,
Il n'y avait pas lieu de frapper davantage...

Sur ces entrefaites, le propriétaire nouveau
S'avisa qu'il serait plus élégant, et plus pratique,
    De remplacer le vieux marteau
    Par une sonnerie électrique ;

    Mais quand vinrent les ouvriers,
      Voici que se mit à crier
          La porte,
Comme sait crier une porte :

— Non ! je ne veux pas qu'on l'emporte,
Mon marteau, mon cher compagnon !... —
— Voyons, mon amie, voyons,
Dit le propriétaire, il faut se faire une raison :
Parbleu, je comprends bien, quand on vécut ensemble
Si longtemps, — tant de souvenirs ! — Mais il me semble
    Qu'à vivre avec cette
        Sonnette,
Vous serez beaucoup plus tranquille :
    Elle est très douce, bonne fille,

9.

Et ne vous fera aucun mal.

Tandis que, trois fois sur quatre,

Le brutal

Vous rossait, chère, comme plâtre !...

Il n'est pas de ceux qu'on regrette. —

Mais elle :

— Il me battait, je me rappelle !... —

Dit-elle alors, avec une expression vague et sensuelle :

— Et si je suis dans le genre de cette Concha,

(Prononcez Countcha, n'est-ce pas ?)

Que Louÿs a si bien campée :

Cela ne regarde que moi,

Et puis quoi :

Eh bien ! oui, là ! j'adorais être frappée ! —

LA BONNE ÉDUCATION

Le petit éléphant de carton hocha la tête,
Et dit : — Je commence à en avoir par-dessus la tête.
J'en ai assez de vos baraques du boulevard,
  Ah ! qu'on me rende mon bazar !

Dans cette calme arrière-boutique, au fond d'un passage
  Bien chaudement enveloppé
    De papier,
  Je coulais des jours sans orage :
  Chez mes braves petits marchands,
Jamais je n'avais vu pénétrer un chaland,
   C'était charmant !
  Et seulement lorsqu'avaient été sages

Leurs enfants (ils avaient deux garçons et trois filles),
Ou encor lorsqu'il leur venait de la famille,
  On me sortait en grande pompe,
  On remuait un peu ma trompe,
(J'avais surtout le don d'amuser le vieil oncle
    Alphonse),
 Et puis l'on me laissait tranquille.

 Soudain, voici que, sous prétexte
 Que c'est bientôt la saint Silvestre,
 Veille du premier jour de l'An,
Brusquement on vient m'arracher de ma retraite,
   On me jette
 Au beau milieu de ce Paris bruyant,
Où l'on me force à rester, tout le jour, ballant,
   Ballant la tête !...

 D'abord, je ne suis pas très fier,
Mais, je vous le demande un peu, de quoi ai-je l'air?..
   J'ai l'air d'une bête !
 Saluer, d'un geste entendu,
 Des gens que l'on n'a jamais vus,

LA BONNE ÉDUCATION

    Faire ainsi de petits signes d'intelligence
A des tas de passants que l'on ne connaît pas...
      On doit me prendre pour un gaga,
Et j'en rougis jusqu'à l'extrémité de mes défenses !

      Et puis quelle promiscuité !
Nous autres éléphants aimons à nous abstraire :
      Et j'ai, tout juste, à mes côtés,
      Un chemin de fer circulaire,
Qui tourne constamment avec un bruit d'enfer !

Cela s'aggrave encor de boîtes à musique ;
      Il y a de tous les métiers
          Dans cette boutique :
Balayeuses, cireurs de bottes, palefreniers,
      Qui, pour attirer les pratiques,
      Trémoussent bras, et tête, et pieds :
      C'est une agitation folle, —
Même un lapin, ridiculement habillé,
Un pauvre lapin, qui bat du tambour, vous croyez !...
      Peut-être se trouve-t-il drôle ?
Que voulez-vous ? — Moi, ça me fait pitié !...

Mais le plus affreux de l'affaire,
Ce sont les soldats que voici,
Soldats de plomb, soldats de bois aussi,
Qui passent le temps à me demander mon avis,
Mon avis d'éléphant, sur la suprématie
Ou du pouvoir civil, ou bien du militaire ? —

— Du moins, dis-je, quand vient la nuit,
Tu peux sommeiller ? — Vain espoir !
Elles sont là toute une bande de toupies,
En forme de cœur ou de poire,
Qui ronflent, à peine endormies... —

Emu par la douleur que trahissaient ces mots,
— Viens avec moi, repris-je alors, je te promets
Que jamais
Je ne troublerai ton repos,
Et ne te secouerai la trompe hors de propos. —

Mon interlocuteur, avec reconnaissance,
Accepte, et nous montons en voiture tous deux ;
Je le laissais dans son coin, respectueux
De son immobilité et de son silence :

Spontanément, sa tête à nouveau se balance...

— Est-ce nerveux, interrogé-je,
Ou, habitué au mouvement, aurais-tu donc
    Une crampe dans la trompe ?
        — Tu te trompes,
Répondit-il ; — malgré ma fatigue, n'empêche
    Que je connais les usages du monde ;
Regarde à la portière, ami, et rends-toi compte : —

Un convoi déroulait son funèbre cortège.

LA MAIN LÉGÈRE

Enfant du pays toulousain,
— Compatriote, donc, de notre Armand Silvestre,
Comme nous le savons de reste :
Violettes,
Allées Lafayette,
Le Capitole, Saint-Sernin, —
Enfant de Toulouse aux toits roses,
Un apprenti coiffeur un beau matin s'en vint,
Avec son noble gagne-pain,
(C'est de son rasoir que je cause),
A Paris tenter le destin :

Il faut bien faire quelque chose.

Constatons, aussitôt, en une parenthèse,
    Constatons quel attrait exerce,
     Malgré les campagnes de Presse,
    Et l'intervention de Barrès, —
Sur tous les jeunes gens qui, eux aussi, exercent,
Quand du service militaire ils sont libérables,
    Une industrie, ou un commerce,
    Ou une profession libérale,
Constatons quel attrait la Capitale exerce !

    Recommandé par Gailhard et Falguière,
    Comme, tout naturellement,
    Aussi par Benjamin Constant,
    Vous pensez que notre merlan
    Sans place, ici, ne chôma guère :
    Il fut engagé sans retard
Par un coiffeur, ami justement de Gailhard :

LE CHŒUR

    Tant est vrai que, si sympathique,
    Il ne compte que des amis,
    Le directeur de notre Académie
        Nationale de Musique !

M. GAILHARD

Oui, c'est vrai, et moi je m'en pique,
Je ne compte que des amis,
Gai directeur de votre Académie
    Nationale de Musique !

ENSEMBLE

Tant est { vrai { que, si sympathique,
Oui c'est {   { et moi je m'en pique,

Il { ne compte que des amis,
Je {

Le { directeur de { notre { Académie
Gai {   { votre {
    Nationale de musique !

Grâce à cet appui sérieux,
Le jeune homme connut le jeu délicieux :

Sans souci d'une courtoisie aux vains scrupules,
    Dire au premier de ces Messieurs :
— Si, devant une friction, Monsieur recule,
    (Et le prix en est ridicule),
    Un homme averti en vaut deux :

Vous périrez sous le poids de vos pellicules ! —

    Mais surtout il eut souhaité,
    Pour le plaisir et pour la gloire,
D'acquérir dans Paris une notoriété
    Pour l'extrême légèreté
Avec laquelle il eût su guider le rasoir :

—Connaissez-vous ce garçon de Toulouse ?
Nul autre n'a, que lui, la main légère et douce... —

Et l'on en parlerait au foyer des artistes ;
        Et Baptiste,
A l'office, ferait un éloge idolâtre :
Il aurait à gogo, des billets de théâtre,
Et, dans les bars franco-russes, il irait rouler
    Avecque des cochers anglais.

    Voilà, direz-vous, des aubaines
Qui valent bien que l'on se donne un peu de peine

    Mais notre garçon toulousain
    Entre tous était un malin ;
        Sa main

Fit très rapidement la pige,
Et de combien, un vrai prodige,
A la main de tous ses confrères :

Car, pour l'avoir plus bondissante et plus légère,
Son secret tient en un seul mot,
Il la gantait soigneusement de peau

De chevreau.

Encor fallait-il y songer...

NOEL

(Et voici la petite histoire
De Noël,
Obligatoirement annuelle,
Annuellement obligatoire :) —

Je voudrais, comme au temps de mes jeunes années,
Mettre au coin de la cheminée,
Mettre mes souliers pour Noël :
Tant de joie cela me rappelle,
Noël !
Les dragées que suçait mon enfance gourmande,
Très lentement, pour en croquer, après, l'amande ;
Et les bonbons au chocolat

Dont, hélas!
Nous ne sommes pas encore las!...
Et les marrons glacés, les gros marrons glacés,

> [« Jamais nous n'aurons
> » Assez
> » De ces bons marrons
> » Glacés!... »
> (CAMILLE DOUCET.)]

Ah! douce, la douce surprise,
Quand, au réveil, on courait, en chemise,
Nu-pieds, et battant des mains,
Vers les souliers qu'on trouvait pleins
De friandises!...
Si je les mettais encore, hein!
Mes souliers près de la bûche, pour demain;
Mais je crains,
Le petit Noël, qu'il se fâche :
— Voyons, Monsieur Franc-Nohain,
Vous n'avez pas honte, à votre âge!

Et puis mes souliers, maintenant,
Naturellement,

Comme je suis devenu grand,
Ils ont grandi, eux aussi, —
(Pas les mêmes, ceux qu'aujourd'hui
(J'achète, —)
Et alors je réfléchis
Que, peut-être,
Cette prétention serait fort indiscrète,
Si grands, vouloir qu'il les remplit...

Eh bien, j'en achèterai
Exprès,
Une paire de tout petits
Dans une boutique ;
Et je les ferai bien cirer,
— Ah ! pas une tache de boue,
Surtout,
Ni poussière, — qu'ils reluisent à s'y mirer !
— Sans quoi, le bon Noël pourrait
Demander d'un ton qui se pique :
— Ça, mais,
Croyez-vous donc qu'ainsi je brave la froidure
Pour venir faire vos chaussures,

Est-ce que vous me prenez pour un domestique? —

Ces petits souliers tout petits,
Près de l'âtre je les ai mis,
Et tandis
Que mes songes heureux sont de sucre candi
Et de chocolat à la crème,
Quelqu'un s'approche et me réveille,
Et qui me chuchote à l'oreille :
C'est Noël,
Ignorant de mon stratagème ;
— Mon pauvre ami, me vient-il dire,
Avec des souliers si étroits
Tu dois
Souffrir un horrible martyre :

(Moi, du moins, c'est pieds nus que j'ai porté la croix!)

Prends cette petite bouteille,
Et tu m'en diras des nouvelles :
Uses-en, aussitôt disparaîtra ton mal... —

Voilà mon conte de Noël ;

Mais quant au nom de ce remède étrange,
Je ne vous le puis répéter,
Car le petit Noël n'avait pas de traité,
De traité de publicité
Avec les éditions de la revue blanche.

LE BUVEUR IMPRÉVOYANT

Les voilà bien les suites de l'orgie,
L'orgie romaine !
Et le malheureux geint et gît,
(A peine a-t-il figure humaine),
Il geint et gît le triste J. ;
— L'initiale du nom suffit.
Car inutile
De compromettre la famille ; —
Il geint et gît le triste J. ;
Regarde, cher enfant, regarde et réfléchis :
Les voilà bien les suites de l'orgie,
C'est là que mène
L'usage inconsidéré de ces boissons américaines.

Oh! l'horrible cercle de fer
Qui casque son front et l'enserre!
Le bourdonnement des oreilles
  Pareil
Au sourd lamento de la mer, —
Ses oreilles, ruches d'abeilles, —

  Oh! la forêt
  De son palais!

Mais c'est surtout le bruit de ces voitures
Qui, dans la rue, passent sans trêve, passent toujours :
— En certains cas, mieux vaut, bien sûr,
Avoir un tranquille petit appartement donnant sur
  La cour; —

Et les voitures roulent toujours,
Roulent, roulent, comme en sa tête,
Roulent, roulent sous les fenêtres
(C'est un quartier très passager),
Les voitures des maraîchers,
Et du Louvre, et du Bon Marché,
Et de la Samaritaine (peut-être),
Les fiacres, les coupés de maître,

LE BUVEUR IMPRÉVOYANT

Et, pour des noces, les landaus:
Mais, c'est son crâne qu'ils piétinent, tous leurs chevaux!
Où faut,
Où faut-il donc que ces gens aillent,

Vers quelles besognes, quelles ripailles?
Ah! pourquoi sont-ils si pressés!...
Le malheureux va trépasser:
— Un peu de paille!...

Par grâce, répandez, Messieurs, devant le seuil
Que peut-être demain franchira mon cercueil,
Oh! par pitié, un peu de paille!... —

La paille, la paille d'or!... en un délire,
Le moribond songe aux guérets,
Où, jeune collégien, il courait,
Quand sa tante Clara l'invitait à venir
Dans sa propriété des environs de Guéret,
(Creuse) —
— C'est là que s'écoula son enfance heureuse. —

Temps béni où les bébés portent de grands cols,
Et ignorent la passion funeste des alcools!

LE BUVEUR IMPRÉVOYANT

A cette époque, on l'appelait Toto :
Il attrapait des papillons, et, dans l'éteule,
Cueillait des bleuets bleus, et des coquelicots, —
En mettra-t-on, demain, autour de son linceul ? —

Paille d'or, près de la ferme, les grandes meules...

La ferme, et la fermière... il rêve : —
Et le bon lait des vaches et des chèvres!...
Fermière aux cheveux blonds, daigne adoucir ma fièvre
Et m'apporte un peu, rien qu'un peu
De ce lait, qui calme le feu
Qui brûle ma gorge et mes lèvres... —

Le bon lait blanc, la paille d'or, les bleuets bleus...

Soudain, il se dresse en sursaut,
Hagard, et balbutie ces mots,
Les yeux fixes, et les pupilles dilatées :
— Au lieu de les garder plutôt,
Pour étouffer le bruit des roues et des chevaux,
Buveur imprévoyant, que les ai-je jetées,

Les pailles de mes chalumeaux !... —

PETIT POÈME DIDACTIQUE

Claretie,
Ginisty, —
Ginistie,
Clarety, —
Porel,
Porel!...

Ecrire une pièce en cinq actes,
Ou simplement en quatre,
Si belle,
Que, suivant de Sarcey les sagaces préceptes,

Jamais l'on n'en verrait descendre la recette
Au-dessous de sept mille ou de six mille sept,
(Ce qui n'est pas à dédaigner,
Mazette!...) —

Pouvoir imaginer des dames Lemeunier,
Qui, de leur petit nom, s'appelassent Georgette; —
Allier, en quelque spectacle merveilleux, —
Il ne se meublent pas de vulgaire pitchpin,
Les auteurs de *Perlinpinpin*... —
Allier (dis-je) en quelque spectacle merveilleux,
Les charmes de l'esprit et le plaisir des yeux,

Lavedan,
Et Rostand, —
Rossedan,
Lavetand, —
Brieux,
Brieux!

Et ce serait la vie prestigieuse des coulisses ; —
Chaque soir, applaudi du public idolâtre,
Etre celui que salue le concierge du théâtre; —
Des actrices, vivre avec des actrices!

(Des actrices!...)
Connaître, en leur intimité,
Telles femmes de rêve ! — et des acteurs, aussi :
Aller fumer des cigarettes chez Guitry ;
Comme parrain être choisi
Pour le premier bébé de Monsieur Le Bargy ;
Et goûter cette volupté
De tutoyer, — vous m'entendez ! —

Tutoyer Coquelin cadet !

Mais tant d'obstacles se hérissent
Devant les colonnes Morris !

Et le souci poignant d'une indulgente presse :
Que faut-il faire
Pour que l'on plaise
Et à Mendès,
Et à Bauer ;
Et à Sarcey, et à Fouquier, ces maréchaux
De la critique dramatique de nos journaux ; —
Ah ! satisfaire aussi les feld-
Maréchaux, —

Satisfaire Lucien Mühlfeld!...

Car le plus simple vaudeville
Apparaît œuvre à composer si difficile!
Et d'abord tous les personnages, sur la scène,
A point nommé, quel bon vent les amène?
Sachez du moins le procédé subtil
Grâce auquel il n'est pas la peine
Ni d'exposer, ni d'expliquer pourquoi ils viennent :

On prend un moulin pour décor, —
Endroit où chacun vient, endroit d'où chacun sort,
Sans commentaire, et sans chercher de raison vaine; —

Le mieux est une pièce où les gens sont muets,
Et doivent
Se contenter d'éternuer, —
(Seul le souffleur, sortant parfois de son orifice,
Proclamerait: Dieu vous bénisse!) —

Car le lieu de la scène est un moulin à poivre.

CARNAVAL

Le Carnaval agite ses grelots,
  Partout souffle un vent de folie ;
  Bannissons la mélancolie
  Bonne aux seuls malades et aux
    sots, —
 Ohé ! Arlequins et Pierrots,
   Dominos,
Et Colombines, et Folies : —

Le Carnaval agite ses grelots !

Pour célébrer le Carnaval,
De quel joli déguisement
Vont-ils parer, les bons parents,
Leur petit garçon si travailleur et si intelligent
Espoir du collège Chaptal ?

En incroyable ou bien en page ?
Clown ? Postillon ? pas davantage ;
Sera-ce en juge ? en avocat ?
Pouah !

Mais, est-il besoin qu'on le dise,
Vous l'avez deviné et vous rendez justice
Au choix impérieux dont les soucis de l'heure
Expliquent
La haute portée patriotique :

Oui ! que le cher petit sente battre son cœur
Sous un dolman d'officier supérieur
De notre vaillante armée d'Afrique !

Et maintenant, il est bon qu'on l'emmène,
Pour qu'on l'admire, chez sa marraine :

Car vous pensez comme la bonne dame sera fière,
Surtout d'apprendre qu'en chemin,
Signe des temps, en voyant ce gamin,
— O France, de ton peuple à tort on désespère ! —
Un conducteur d'omnibus lui serra la main,
Et un sergent de ville répondit, débonnaire,
A son salut militaire...

— Allons, petit, a dit la bonne dame,
Allons !
Il faut arroser ces galons :
Qu'une liqueur de choix élève aussi nos âmes ! —
— Attendez, reprend le papa,
Auparavant il vous dira
Sa fable :
Commence, et ne te presse pas ! —
Le bambin monte sur la table ;

(On peut penser ce qu'on voudra
De la personnalité de Déroulède,
Mais l'austère beauté de ses « Chants du Soldat »
Est un point sur lequel il faut que chacun cède.)

Le petit garçon si travailleur et si intelligent
A récité le *Vieux Sergent* !

La marraine, en transports ravie,
S'écrie :
— En voilà un bon Carnaval
Que je n'oublierai de ma vie !... —
Et, des prunes à l'eau-de-vie,
Elle va chercher le bocal...

Le père est encor tout ému
De cette chaude poésie ;
Il se laisse aller, là-dessus,
A de rapides aperçus,
Et, tout en remplissant les verres, il confie
Que ce qui l'inquiète le plus
C'est l'avenir de nos colonies :

— La France est toujours le pays
De la bravoure et de l'honneur,
Mais nous n'avons pas le génie,
Le génie colonisateur...

CARNAVAL

La Chine surtout, cette Chine
Est pour notre Tonkin une rude voisine... —

Et c'est ainsi que par de constantes leçons,
Avec un ton de badinage,
Les pères avisés savent, dès le jeune âge,
Mûrir l'esprit de leurs petits garçons.

— Mais il convient que l'expansion coloniale
Ne nous fasse oublier les prunes du bocal ;
Voyons ces excellentes prunes ? —

Disant ces mots, il en prend une
Entre ses doigts,
Puis va pour la mordre : mais quoi,
Quelle singulière amertume,
Chez un tel fruit hors de coutume ?

Les prunes
S'étaient déguisées en chinois.

LES DRAMES DE L'AMOUR

Je revois la grande salle claire, aux carreaux luisants,
Les rideaux blancs,
Et la table de bon accueil,
Les chaises de paille, le fauteuil
Pour l'aïeul,
Et le dressoir, ignorant de l'orgueil
Des pesantes argenteries,
Rustique, et mettant sa seule
Coquetterie
A la gaîté des faïences fleuries.

Combien de fois les admirai-je, tout petit,
  Les tableaux qu'en homme d'esprit,
  Simple de goûts, mais d'un goût sûr,
  L'aimable maître du logis
S'était complu, lui-même, à accrocher aux murs : —
  Un pauvre pêcheur qui a pris
En guise de poisson une vieille chaussure,
(Le désappointement est peint sur sa figure ;)
  Et puis deux gros curés qui jouent
Au piquet, ou bien au bésigue, — et l'on devine,
Tant l'artiste, subtil, sut varier leur mine,
  Ou joviale, ou bien chagrine,
  Que l'un, en main, n'a rien du tout,
  Et que l'autre a tous les atouts :

Comme art d'expression, la peinture est divine !

Pourtant plus que les curés, plus que le pêcheur,
  Un spectacle me tenait au cœur ;
Quand j'arrivais une angoisse étreignait ma gorge :
  Tout à l'heure,
 Tout à l'heure, quand sonnera l'heure,
Le petit coq sortira-t-il encor de la grande horloge ?

Et c'était chaque fois allégresse nouvelle,
Quand le petit coq sortait en effet, battant de l'aile.

    Tant d'heures ainsi il m'a chantées,
      Souriantes, désenchantées,
Berceuses mélancoliques, fanfares d'éveil,
    Heures de pluie et de soleil...

Et ce fut par un jour d'été, un jour chaud d'orage :
    La fermière du voisinage,
    Rubiconde, et rond le corsage,
    Passait, portant dans ses paniers
    Les fruits mûrs de ses espaliers,
    Et les œufs, et le bon laitage, —
    Et surtout, reine du marché,
    Que, bien sûr, allaient s'arracher
    Toutes les cuisinières bourgeoises,
Oh ! l'exquise petite poule cochinchindoise !...

    — Vous vous reposerez un brin,
    Et vous goûterez de mon vin,
    Allons, sans faire de manières... —
    Ce n'est pas de refus, voisin,
      Dit la fermière.

Influence mystérieuse des temps d'orage...

La petite poule que l'on délaisse dans un coin,
    Pourquoi ? mais je n'ai pas besoin
    De vous en dire davantage, —
— Cott ! cott ! cott ! — a chanté la petite poule,
    — Cott ! cott ! cott ! —
(Car c'est ainsi que les poules roucoulent...)

    — Cott ! cott ! cott ! cott ! — entend le coq ;
    Un frisson agite son être :
        Cette voix,
Il l'entend, c'est certain, pour la première fois,
Et son cœur cependant a cru la reconnaître :
    — Poule, poule, il faut que je voie
    Ton visage cochinchinois ! —
        Mais quoi,
    Point n'est le temps encor de mettre,
    Hélas ! le bec à la fenêtre ;
Car le cadran implacable et méthodique
        Indique
    Qu'il n'est pas l'heure de chanter :
    Il reste encor à patienter

Bien des minutes,
Et dans la boîte il faut rester !
— Zut ! —
Pense à part lui, très irrité,
Le petit coq ;
(Oh ! toujours ce cott ! cott ! cott ! cott !...)

Influence mystérieuse des jours d'orage :
Rouge de désir et de rage,
Il piétine dans les rouages,
Il s'empêtre,
Il fait tant et si bien qu'à la fin l'un des poids
Choit
Malheureusement sur sa tête, —
Le temps qu'il ne trouvait, à venir, assez court,
Amène son heure dernière :

Il ne faut pas songer à l'amour
Quand on a des occupations régulières.

L'ÉCONOMIE MAL ENTENDUE

Suivant les strictes leçons
D'une indispensable hygiène,
Un cafetier, sur le plancher de chêne
De son débit de boissons,
Faisait, quatre fois la semaine,
Répandre avec parcimonie un peu de son ;

Je dis avec parcimonie,
Car notre débitant poussait l'économie
Jusqu'aux confins de l'avarice la plus sordide :
Il affectait de n'être pas Rothschild,

Aimait à répéter, à toute occasion,
      Qu'il faut savoir compter en tout,
     Que cinq centimes font un sou,
Et que, qui veut former une bonne maison,
Ne doit jamais donner un sou hors de saison : —
      Voilà beaucoup de verbiage,
      Pour rogner sur un sou de son ;
      Mais vous pensez avec raison
Que, pour le reste, il n'était point prodigue davantage,
      Et mon confrère, monsieur Ponchon,
      Eût mal apprécié, je gage,
L'inquiétante singularité de ses breuvages :
Mais ce n'est pas de cela qu'il est question.

Il est telles prescriptions hygiéniques
Sur la propreté des planchers des lieux publics,
Pour laquelle les règlements de la police
      Exigent de petits sacrifices :
      Ce n'est pas sans nécessité,
Car les buveurs et les fumeurs ont usité
De semer, insouciants et dédaigneux, par terre,
      Non seulement le fond de leurs verres,

Mais des humeurs, de menues glaires,
Ou autres mucosités,
Et, d'une façon générale, tout ce qu'on expectore,
Sur quoi, sans doute, aurais-je tort,
Eu égard aux frêles lectrices, d'insister.

— En voulez-vous du son à bon marché ?
Dit un jour au cafetier, d'un air amène,
Un des clients auxquels il racontait sa peine.
— Pardieu, répond le débitant, chose certaine,
Vous ne m'en verriez point fâché !...
— Alors, un peu de pippermint,
Et demain
Vous en aurez un panier plein ! —
Le débitant sert à regret
Le pippermint (pourtant Dieu sait,
Et chercher à le deviner est inutile,
De quels ingrédients ce breuvage était fait !)
— Du moins, c'est un placement de père de famille !...
Pensait-il,
Pour atténuer sa tristesse.

Le lendemain, le client tenait sa promesse.

— Allons ! dit, en donnant le panier au garçon,
        Le patron,
     Répandez, répandez ce son,
       Faites largesse !... —
    Soudain, parmi la gent qui boit,
        Grand émoi :
L'aimable donateur (qui, sans en avoir l'air,
N'était autre qu'un aide de Deibler),
    Avait par pure inadvertance,
        Je pense,
A moins que ce ne fût par manière de plaisanter,
Laissé dans le panier la tête de l'exécuté ; —
    Vous devez imaginer celle
     Que firent les consommateurs,
En voyant, sous leurs pieds, rouler pareille horreur :

Le débitant, confus, perdit sa clientèle.

La prodigalité ne se conseille guère,
Économisons donc, pour quand nous serons vieux ;
    Mais il est un juste milieu,
Et des dépenses qu'il faut savoir faire.

BERCEUSE

Les employés
Ministériels
Ont dû retirer leurs gilets,
Tellement ils étaient mouillés,
Leurs moites gilets de flanelle ;
Et maintenant les employés ministériels
Dorment accablés
Par la canicule,
Sur l'ébauche interrompue de leurs majuscules,
Entre le point
Et la virgule :
A poings
Fermés,
Dormez, dormez !

Dormez, dormez, ô directeur,
Sous-directeur,
Chef de bureau ;
Et toi, sous-chef,
Sur ton bureau,
Une torpeur
Courbe ton chef :
Quelle chaleur,
Ah ! Messeigneurs !
Sous-chef, et chef,
Sous-directeur,
Et directeur, — dormez, dormez,
A poings fermés !

Et vous, employés subalternes,
— Il fait si chaud
Dans ce bureau !... —
Vous délaissez vos dominos,
Et le loto,
Ternes, quaternes...
Cherchez des poses
Confortables :

Que sur la table
Vos pieds se posent :
Et si jamais un contribuable
Venait demander quelque chose ;
Dormez, dormez,
A poings fermés — bureaux fermés !

Les bureaux ronflent et transpirent
Comme à plaisir,
C'est un plaisir !
Et faut-il dire
En quels aimables déshabillés,
Quelle simplicité exquise,
Avec un abandon de mise
Elégant, et si familier,
Ils reposent, nos employés,
Sur la chemise
D'un dossier
Appuyant leurs bras de chemise !
Les bureaux ronflent et transpirent :
Allons ! la France peut dormir !

J'ai rêvé d'un démon espiègle,

Par qui,
Pendant cent jours, pendant cent nuits,
Pendant des années, et des siècles,
Les ministères demeureraient ainsi
Endormis :

La République aurait sombré, les fleurs de lis,
Ecloses à nouveau, auraient fait place aux aigles ;

Puis quand une fée bienfaisante
Les aurait réveillés, les employés ministériels,
Ils recommenceraient leurs besognes habituelles,
Iraient émarger
Au Budget,
Et sans que nul trouvât la chose extravagante,
Pleins d'un pareil respect des délais nécessaires,
Ils reprendraient, comme naguère,
Au même point, l'expédition des mêmes affaires

Courantes.

LE RÉMOULEUR

— Kx, Kx, Kx, Kx,
Kz, Kz, Kz, Kz, —
Et, penché sur la roue de pierre,
Le brave rémouleur aiguise les couteaux,
Les ciseaux,
Et autres instruments ou d'acier ou de fer :

Jenny, jeune et chaste ouvrière,
Suivez le sage avis de votre pauvre mère ;
Des vieux messieurs, cinés de manteaux de fourrure,
Repoussez, enfant calme et fière,

Repoussez cadeaux et parures,
    Et l'offre
D'une promenade en voiture, —
Même si, à couper l'étoffe
    Trop dure,
Vos ciseaux se sont émoussés, —
    Repoussez,
Repoussez les tentateurs subtils, et restez pure :
Le bon rémouleur va passer,
Qui vos ciseaux peut repasser.

Mais hâte-toi, hâte-toi, rémouleur,
Car les Dubois te mandaient tout à l'heure.
— Les Dubois, ce soir, n'ont-ils pas,
Pour quelque anniversaire un dîner de gala ? —
    Or, un chacun reconnaît, certe,
Que Madame Dubois sait, d'une main experte,
    Découper gigot ou canard ;
(Monsieur Dubois, échanson jovial, remplit les coupes,
    Mais c'est toujours Madame qui découpe ;)
    Découper comme elle est un art :
    Que l'on soit sept, ou bien dix-sept,

Elle taille à chacun sa part,
Négligemment, au bout de sa fourchette !
Seulement, pour ce faire, il faut,
Un couteau qui coupe, et non pas
Un couteau qui ne coupe pas :
Et justement le beau couteau,
(Celui du beau service, de la corbeille de mariage),
Fait l'admiration des gens
Avec son manche en vieil argent,—
Mais il n'en coupe pas davantage ;
Il faut affiler son tranchant,
Allons, rémouleur, à l'ouvrage !...

Et cependant, vaillant artisan, je devine
Que tu t'attristeras à ce couteau banal,
Toi, dont le ruban colonial
Si noblement décore la poitrine :
Oui, ton cœur de guerrier se cabre,
A ne fourbir, hélas ! que des armes de paix ;
Ah ! des baïonnettes, des sabres !...
On a beau n'en parler jamais,
Il y pense toujours, le rémouleur français :

LE RÉMOULEUR

Lorraine; Alsace...
Mais il suffit, passons — et toi, repasse!
Puis un jour vint, jour regrettable,
Où le simple couteau de table
Ou de cuisine,
Dont l'honnête rémouleur, pour quelques centimes,
Ayait, inconscient, fait tranchante la lame,
Dans le sein d'une vieille dame,
Fut plongé soudain par une main assassine :

Et le rémouleur, depuis lors,
Répugne à toute lame, instrument de la mort ;
Avec le même sifflement sourd,
Près des squares ou dans les cours,
Sa roue pourtant tourne toujours.
— Kz, Kz, Kz, Kz, —

Et des nourrices sont autour :

Car s'il tourne toujours la roue,
C'est pour que les bébés que portent les nounous,
Cédant au bruit qui les incite, —

Kz, kz, kz, kz,
Kx, kx, kx, kx, —
Se décident, sans hésiter,
— Vite, allons, vite ! —
A satisfaire à la nécessité de leurs petites
Nécessités.

LE PHOQUE

J'ignore si la sympathie est réciproque,
Mais j'eus toujours beaucoup d'amitié pour les phoques:
　　Ils ont de si belles moustaches !
　Ce ne sont pas, à parler proprement,
　　　(Sot qui s'en fâche !)
　　Des animaux d'appartement;
　Mais s'ils sont tels apparemment,
　　　Les phoques,
　Après tout, ce n'est pas leur faute,
　　Et l'on ne peut trouver mauvais
Qu'ils préfèrent rester dans l'eau, prendre le frais,
Au lieu de perdre un temps qui passe, hélas ! si vite,
A s'en aller de-ci, de-là, faire des visites.

C'est donc par un très grand hasard
Que j'en rencontrai un qui sortait de la gare
(Comme vous pensez) Saint-Lazare.

Le bon phoque soufflait, soufflait,
Tout ainsi que, d'après la fable,
Quand le bon saint Eloi forgeait,
Soufflait
Son fils, dont le nom m'échappe.

— Ouais !
Souffler, monsieur, n'est pas jouer... —
Me prévint-il avec une infinie mélancolie,
Comme près de moi je l'appelais :
— L'heure, pour badiner, serait trop mal choisie,
Car, las ! vous nous voyez, passez l'expression,
Dans une foutue situation... —

— Qu'y a-t-il, Phoque, qu'y a-t-il ?... —
Insistai-je aussitôt, anxieux et fébrile.

— Quoi, vous ne savez pas qu'une mode baroque
Et moins baroque que barbare,

LE PHOQUE

Dont toute ma race se marre,
A décrété que cet hiver le monde smart
Se vêtirait de vêtements de peau de phoque ?
Ah ! nous vivons dans une époque
Triste !... —

—Voyons ! et si vous intriguiez près des ministres ?...—
Répartis-je, voulant remonter le moral
De ce malheureux animal :
— Vous pourriez tenter un effort ;
Je ne vous dirai pas d'aller voir Félix Faure :
Il est très occupé avec sa Toison d'Or,
A c't'heure ;
Et puis, de vous à moi, il faut,
Bien qu'à coup sûr ça ne soit pas un déshonneur,
Eviter de parler de peau
Dedans la maison d'un tanneur,
Et même d'un ancien tanneur.

Mais, chez Monsieur Charle Dupuy, à la bonne heure !
Oui, ce Président du Conseil
Est un homme de bon conseil ;

Cher Phoque, allons, montrez-vous plus allègre,
    Un peu de cœur, et, pas de trac :
Espérez dans l'aménité de Monsieur Leygues,

    Vous connaissez bien Lintilhac ?...

    Mais, au demeurant, j'imagine
    Que c'est surtout M. Lockroy
Qui vous doit protéger ; j'irais chez lui tout droit,
Car les phoques, c'est bien encor de la marine... —

    Mais le Phoque, des larmes pleins les yeux,
    Et qui soufflait avec effort :
— Hélas ! dit-il, comment tous ces messieurs
Daigneraient-ils s'intéresser à notre sort ?

    Sans aide, sans protection,
Contre l'adversité il nous faut nous débattre :
Ainsi nous condamna la nature marâtre,

    Les Phoques n'ont pas le bras long. —

FUMÉES

Fumée blonde,
Qui vagabondes
Vers les nuages là-bas, là-bas,
O fumée blonde, n'es-tu pas
Tout ce qui reste du tabac,
— Tant de tabac, tant de tabac ! —
Que nos ministrables fumèrent,
— Méline : limonade, orgeat,
Ou bière ? —
Lorsqu'ils s'ingéniaient à former un ministère...

Les hommes d'Etat fument des cigares énormes.

Maquignonnages éhontés,
Trafics, compromissions louches,
Les sénateurs ont à la bouche
Des cigares de députés ;

— Je recommande à votre choix
Cette boîte, mon cher Bourgeois :
Je fis sécher ces petits Clay
Dans les greniers du quai d'Orsay. —

Trafics, compromissions louches...

Et cependant tes destinées
S'agitent parmi ces fumées,
O France, ô chère France démocratique :
Ribot, Peytral, ou Cavaignac,
C'est en fumant de bon tabac
Qu'on fait de bonne politique.

Les hommes d'État fument des cigares énormes,
(Et des cigarettes, aussi.)

— Je dis,

Je dis (passez-moi donc la boîte :
Merci !)
Qu'il faut répudier tout pacte avec la droite.
— Quelle attitude auront Drumont et ses amis?
— A la combinaison je ne vois qu'un écueil,
C'est l'attribution des divers portefeuilles ;
Voulez-vous de papier me passer une feuille ?
Je ne saurais, mon cher, fumer ces cigarettes,
Vos cigarettes toutes faites...
— Vous êtes
Un vrai fumeur... — Et, croyez bien,
Un sincère républicain ; —
— Rien ne vaut notre caporal ! —
— Reste à envisager la question fiscale...
— Qui sait ce que sera la France de demain ?—
— Voulez-vous de ces cigarettes à la main ?
— Merci, je préfère un havane...
— En voici des plus secs, et craquant à ravir !... —
— Du vizir ?... —
— Il convient d'appliquer ce tarif aux douanes...

Et voilà votre emploi, fumées

Embaumées,
Qu'aspirent les Trouillot, les Dujardin-Beaumetz :
En fumant d'énormes cigares,
Ce que tous ces gens-là supputent, et discutent,
Et suivent parmi les caprices de vos volutes,
Ce n'est pas un problème d'art ;
Ce n'est pas une femme, ou rousse, ou brune, ou blonde
Qu'enveloppent pour eux vos spirales vagabondes ;
— Ou si, du moins, béats, ils ne songeaient à rien ! —
Mais non, ils songent à Sarrien ;

Et leurs brevas
Rêvent à
Des sous-secrétariats
D'Etat :

Pouah !

Et si vous saviez, cependant,
Combien celui qui ramassera, mélancolique, —
(C'est
Peut-être un ancien sous-préfet ;) —

Tous vos mégots, tant de mégots, ô Politiques :
Si vous saviez, — vous le savez, pourtant, —
Ce qu'il se fiche, ou, plus exactement, ce qu'il se fout
Que votre ministère soit homogène,
Radical ou de concentration républicaine,

Ou rien du tout !...

SON IMAGE

Qui sait pour quel anniversaire,
Ce portrait, quand le fit-il faire, —
(Et puis, si l'on vient à mourir,
Il reste, au moins, un souvenir...) —
Qui sait, pour quel anniversaire,
Et par
Quel photographe de Montélimar ?

Et le photographe avait dit :
— Souriez ! — il avait souri,
Bonhomme, une main dans la poche,
Et en tournant la tête à gauche :

(— Si seulement vous m'aviez écouté, vilain mari,
Et mis
Votre belle redingote !...)

Je songe, cependant, à ses portraits anciens,
Celui en petit collégien,
Bien sûr un daguerréotype,
Et le portrait pour la première communion,
Quand il avait des cheveux blonds,
Et qu'il chantait, de sa voix frêle, des cantiques...

Plus tard aussi, jeune avocat,
L'œil vif et la moustache retroussée,
Dans un cadre en peluche grenat,
Le beau portrait qu'il apporta,
Tout palpitant, un soir d'avril, à sa fiancée...

Tous, dans l'album de la famille,
Près de l'oncle, en lieutenant de la garde impériale,
Et de grand'mère, avec son châle,
Du temps qu'elle était jeune fille —
Ah ! comme on les laissait tranquilles !

Portraits discrets, et qu'on ne regardait
Qu'à la campagne, l'après-midi, quand il pleuvait...

Maintenant, jusqu'au fond de villages obscurs,
Des côtes de la Manche à la Côte d'Azur,
Ses traits resplendiront aux murs !

ENSEMBLE

A l'auberge, à côté des règles
Du jeu de la poule au billard,
Sourira le portrait de l'aigle
Du barreau de Montélimar,
De l'aigle
Du barreau de Montélimar !

Et aussi, dans la clarté éblouissante des vitrines,
Avec les souverains d'Europe,
Le voici partout qui voisine,

Un peu gêné, tout de même, de sa redingote.

Qu'en pensera
Victoria ?

Qu'en dira le prince de Galles ?
Comment l'appréciera le roi de Portugal ?
Est-ce que le prince Bulgare
Ne lui lance pas des regards
De travers ?
Et pourquoi fronce-t-il ainsi
Les sourcils,
Silencieux, le roi Humbert ?

Mais surtout, c'est décourageant,
Ah ! si
Si l'empereur de la Russie
Allait trouver, en voyant sa photographie,
Qu'il n'a pas l'air suffisamment intelligent...

Et ce sont aussi toutes les petites actrices
Qui lui glissent,
A côté, leurs yeux en coulisse :
Célébrités de l'Opéra,
(Rats),
Prêtes à tous les sacrifices ;
Les dames des Français ne font semblant de rien,

Mais n'oublions
Pas l'Odéon,
Car il faut que nous montrions
Que nous sommes bien parisiens, —

Il faut être bien parisiens, —

Et peut-être y en a-t-il qui regrettent l'AUTRE...
(Pourquoi n'a-t-il pas mis sa belle redingote !)

Mais de cet autre les brillantes photographies,
Peu à peu, disparaîtront ;
Elles s'en iront, c'est la vie,
Dans la poussière des cartons,
Suivant la fortune commune,

Vers l'éternel oubli, où vont
Les rois de toutes nations,
Les Grévy, et les Mac-Mahon

Comme les lunes.

LA VIERGE AUX BOUGIES

Bonne Madame du Quinze Août,
Voici des bougies d'un sou,
Et de deux sous,
(La dépense n'est rien, l'intention fait tout,)
Et de trois, et de quatre sous :
Entendez-nous, exaucez-nous,
Bonne Madame du Quinze Août !

Et les dévots et les dévotes ont demandé
Des tas de choses,
Et la richesse, et la santé,
Un bébé rose :
Nous avons tous à demander
Tant de choses, oh ! tant de choses...

Et puis voici partis et les dévots et les dévotes,
— Des cantiques au loin meurt la dernière note, —
Avec les bougies qui clignotent
La Bonne Vierge est restée seule dans sa grotte.

Alors, à demi-voix : — Vite, dit-elle,
Eteignons toutes ces chandelles!
Devant ces braves gens, je n'ai pas voulu,
Bien entendu,
Pour ne pas leur faire de peine ;
Mais maintenant il ne faut plus
Qu'ici viennent brûler leurs ailes
Les papillons hurluberlus
Et les innocentes phalènes :
D'ailleurs, cette lumière crue
Finit par fatiguer la vue ;
Allons, vite, soufflons dessus,
Et que l'ombre calme revienne... —

Et maintenant dans l'ombre calme,
— Les grands arbres lentement balancent leur palme —
Plus de bougies dont s'indispose ou se courrouce

La bonne Madame Marie ;
Plus rien que deux petites flammes
Si pures, si douces :

Ce sont les yeux de mon amie
Qui se reflètent dans la source.

LE PETIT VOYANT DE POCHE
pour L'ANNÉE 1899

Approchez, — merveille, merveille ! —
Approchez, que nous vous disions,
Vous disions et vous prédisions
Des nouvelles pour l'an nouvel, —
Que nous vous donnions nos tuyaux
Dedans le tuyau
De l'oreille ; —
Approchez, — merveille, merveille ! —

La France court un grand danger,
Le mécanisme est dérangé.

Mais il pourra se rarranger,
— Ou bien avant, ou bien après, —
Il ne faut pas désespérer :
Les bons Français doivent songer,
Songer aux yeux de l'étranger, —

Je vois les yeux de l'étranger, —

Songer :
Ça va peut-être s'arranger.

Des bruits de guerre au printemps, —
Honneur et gloire,
Rantanplan.
Gloire et victoire,
Rantanplanplan, —
Des bruits de guerre au printemps,

Songer :
Ça va peut-être s'arranger.

Des ministères
Fichus par terre, —
Concentration et mystère ; —

Voici venir un homme noir
Qui prend les rênes du pouvoir :
D'ailleurs, on ne peut pas savoir.

Songer :
Ça va peut-être s'arranger.

Une ligue,
— Le tocsin ! —
Moitié figue,
Et raisin, —
Une ligue,
Une intrigue,
Une brigue, —
Et la fin !

Des coupables condamnés,
Des prévenus disculpés,
Et puis on nous fout la paix !

Songer :
Ça va peut-être s'arranger.

Un crime horrible commis
Aux environs de Paris ; —
Un terrible accident de voitures automobiles,
La malveillance est le mobile :
Des piétons renversés,
Des becs de gaz cassés,
Des journalistes écrasés, —
Bouillie
De pauvres sergents de ville.

Je vois une famille entière empoisonnée
Par l'usage des champignons ;
Le père, la mère, et quatre petits garçons,
Et l'oncle qu'on avait invité à cette occasion :
On ne sauvera que la fille aînée.

Songer :
Ça va peut-être s'arranger.

Des palais sont construits,
Les peuples réunis.

Des pièces sont représentées,

Et diversement goûtées
Par l'honorable société.
(Des romans sont peu lus,
Des poèmes, non plus.)

Une extension sans égale
Est donnée à notre expansion coloniale ;
Notre extension coloniale,
Prend une expansion sans égale.

Des préfets sont mis à pié
Dans différentes localités.

Le sang a coulé,
Le feu a brûlé,
La foudre a grondé,
L'eau a inondé, —

Songer :
Ça va peut-être s'arranger.

(Et puis je dis ça comme je dirais autre chose.)

TABLE DES MATIÈRES

	Pages
Lettre ouverte à monsieur Noblemaire	VI
Sonnet	IX
Prélude	1
La locomotive regarde une vache en passant	4
L'âme des chefs de gare	7
Le tunnel	9
Dans le petit jardin du garde barrière	12
Les gants du contrôleur	15
Nous déjeûnerons dans le train	17
Des délégations attendent M. Félix Feure à la gare	20
Romance du gendarme	22
Nocturne	25
Lampisterie	28
Parallèlement	30
Les poules en voyage	32
La protestation des pendules	34
Les chiens	37
Postes	39

TABLE DES MATIÈRES

Ronde des départs.. 43
Leçon de lecture... 45
L'éléphant... 47
Passage à niveau... 51
Le visiteur.. 55
Bagages.. 57
Signal d'alarme.. 60
Le temps des bouillottes... 62
Confidences.. 65
Simple légende... 68
La dernière ronde.. 71

PARTIE ANECDOTIQUE

Avertissement pour la 2ᵉ édition... 76
L'âne bleu... 77
Le spadassin et l'horloger... 79
Sur le tapis... 81
Le petit malpropre... 87
La ménagerie amoureuse... 91
Le remède inattendu.. 97
Ingénieuse réponse d'un jeune garçon.................................... 101
Le fiacre d'Eulalie... 105
Les épingles.. 111
Papier buvard... 117
Les champignons... 123
Les horlogers... 127
Gants... 133
Touchante attention de M. Durand.. 139
La fraude déjouée... 145
Le marteau.. 151
La bonne éducation.. 155
La main légère.. 161
Noël.. 167
Le buveur imprévoyant... 173
Petit poème didactique.. 177

TABLE DES MATIÈRES

Carnaval... 181
Les drames de l'amour.. 187
L'économie mal entendue..................................... 193
Berceuse... 197
Le rémouleur.. 201
Le phoque... 207
Fumées... 211
Son image... 217
La vierge aux bougies... 223
Le petit voyant de poche pour l'année 1899......... 227

Typ. et Stéréotyp. A. Majesté et L. Bouchardeau. A. Mellottée, successeur.

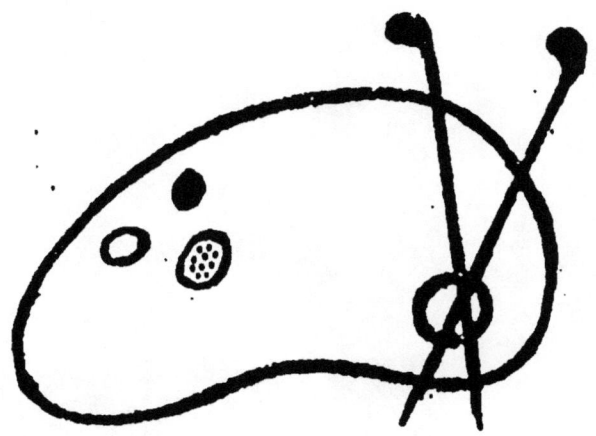

Original en couleur
NF Z 43-120-8

www.ingramcontent.com/pod-product-compliance
Lightning Source LLC
Chambersburg PA
CBHW070638170426
43200CB00010B/2069